AF392159

Poesía latinoamericana hoy
20 países, 50 poetas

La Universidad Tecnológica de Hermosillo sustenta su quehacer académico en una filosofía institucional que promueve el desarrollo e impulso de la cultura y las artes, como parte fundamental de la formación integral del estudiante y función básica institucional. Por ello, ha decidido editar esta antología que da cuenta de la creación poética actual en Latinoamérica, con la selección de 50 poetas de 20 países.

Este volumen es una aportación importante para nuestros estudiantes y la comunidad universitaria, pero también para la sociedad sonorense. La Universidad Tecnológica de Hermosillo y Sonora se honran en ofrecer, desde estas tierras, un trabajo valioso de selección de la poesía actual para que se conozca en México, Latinoamérica y todos los países del orbe.

Miguel Ángel Salazar Candia
Rector

POESÍA

LATINOAMERICANA HOY
20 países, 50 poetas

COORDINADORES
Jacobo Rauskin
Mario Sampaolesi
Roberto Arizmendi

PRESENTACIÓN
Héctor Carreto

COMPILADOR
Roberto Arizmendi

Idea original de Mario Sampaolesi

Argentina, México, Paraguay
2011

Diseño de portada: Álvaro Reynoso
Ilustración de portada: *Utopía*, photoshop de Emilia Contreras Gelinas
Formación: Sergio Macías

ISBN: 978-968-9412-09-0

Impreso en México/Printed in Mexico

A Barbarita

Presentación

Uno de los mayores atractivos de toda antología radica en tener un mayor alcance de lectores que el ofrecido por un título individual, y más si son varios sellos editoriales e instituciones los que unen sus esfuerzos. Gracias a la iniciativa de Barataria Libros, Arandurã Editorial, Ediciones Fósforo y la Universidad Tecnológica de Hermosillo ha sido posible la cristalización de *Poesía latinoamericana hoy*.

Más que una antología, propiamente dicha, esta reunión es una muestra viva de la poesía que se está escribiendo y publicando hoy día en Latinoamérica. A partir de la idea original del poeta argentino Mario Sampaolesi, otros dos poetas se le unieron para empezar el proyecto: el paraguayo Jacobo Rauskin y el mexicano Roberto Arizmendi, quien además se encargó del trabajo de compilación. Entre los tres armaron una muestra cuyo resultado es una recolección que incluye a cincuenta poetas de veinte países, sin importar la edad, corriente poética ni ideología.

Una muestra es más libre que una antología, aunque no es menos exigente. La presente selección busca revelar, no canonizar. Al no incluir a poetas muertos en esta muestra, por ejemplo, el lector seguramente tendrá la sensación de estar ante palabras recién hechas, vibrantes; palabras recién salidas del horno.

"No hay una literatura latinoamericana; todos somos distintos", señaló Borges en alguna ocasión. Más que discutirle la opinión, yo diría que las marcadas diferencias, la variedad poética que apreciamos en todos los autores aquí incluidos (ordenados alfabéticamente, por sus países de origen y por apellidos), habla de una gran riqueza en las posibilidades temáticas, estilísticas, y cuyo punto de encuentro es el idioma (exceptuando, en este caso, la lengua portuguesa). Poemas de corte lírico, de expresión política, en prosa, de exploración del lenguaje, de influencia cinematográfica y de los diferentes medios de comunicación, de corte epigramático, firmados tanto por autores consagrados como por jóvenes poseedores de una voz ya madura, convergen en estas páginas. La lectura de estos ejemplos nos demuestra que la poesía latinoamericana pasa por un gran momento histórico.

El lector quizás reclame por algún autor no incluido. Eso es inevitable; lo que sí le podemos asegurar es que ninguno de los poetas convocados en esta muestra está de más. Todos ellos cuentan con reconocimientos y premios importantes que los avalan, pero, más que eso, sus propios textos son la muestra más patente de su calidad.

Héctor Carreto, Ciudad de México, otoño de 2010.

Eduardo Álvarez Tuñón

(Argentina)

EL OTRO VIAJE

No sólo a la vejez te lleva el tiempo.
Otro viaje te aguarda.
Has llegado a la tierra donde se ven morir las religiones.
Compartes con el árbol ese placer perdido:
Una extraña ciudad ha venido a rodearte.
Sólo la habitan dioses que la tarde ha exiliado.
Caminas por las calles que sobre ti han caído.
Descubres que la fruta fue un dios al mediodía;
que es un dios que se extingue la primera fogata;
que las hojas son formas sutiles de los rezos;
que viviste rodeado de dioses que ignorabas.
Pero nacieron para ser eternos.
No vieron en la luz secretas despedidas,
si besaron las puertas de las fugaces danzas.
Mendigo es quien encuentra aquello que no busca
y la mujer que amaste ya no es miedo ni espera,
sino un dios que se ha muerto,
sino una extraña lluvia que solo se recuerda.
Cuando un aroma cruza tu callada memoria.
Los días son las naves con que el tiempo te aleja.
Has llegado a esa tierra.
Puedes beber en lagos aquello que no vuelve.
Comprendes que los seres comparten con el fuego
el transformarse en dioses para poder morir.
No sólo a la vejez te lleva el tiempo:
Otro viaje te aguarda.
Lo que creías el viento es un rito que huye,
una música extraña donde habita lo eterno.
Y el universo un templo,
                    abandonado y bello.

EL RETORNO

Vendrán las estaciones para que alguien comprenda
que la tierra igual trata al recuerdo y al fruto.
Existe una caída, un retorno al amor.
Pero ¿vendrán? ¿vendrán o están en mí?
Su callada presencia traerá agua a mis labios
y he de beber, como los árboles,
para buscar lo perdido sin partir.

Se han transformado las calles por las que caminamos.
Es el tiempo, que disfraza las casas.
Son bondadosas, nos ayudan de muerte.
Ser viejo es tener una ciudad en la memoria
y caminar señalando lo que fue destruido.
¿Qué es el llanto?
He descubierto su utilidad secreta:
Necesitamos borronear los días,
que un río una y salve lo que no volverá después de muertos.

CORRESPONDENCIAS

Existe un pacto entre el tiempo y las casas.
Como los viejos veo que han partido las tardes,
que han pasado estaciones de frutas y de danzas,
que se torna silencio la música lejana.
Y la ciudad no ha sido del todo destruida.
si la nieve ha borrado los rostros.
¿Por qué sobreviven aún los escenarios?
Si la mujer amada es sólo aroma
¿Por qué su puerta en una calle intacta?
Existe un pacto entre el tiempo y las casas.
Más allá de los días permanecen
y a cambio guardan su secreta trampa:
El clima de la víspera de lo que ya no vuelve.

Como los mendigos, elegí una catedral
para hablar con todos los objetos.
—.Apiádate de un dolor que nunca has conocido—
le dije al caer la noche.
Logra que vuelva aquel abril y no abril,
conviértete en el puerto más bello y más extraño:
No dejes partir barcos de voces y de días.
Al igual que un espejo me devolvió mi ruego:
—.Apiádate de un dolor que nunca has conocido—
me dijo al caer la noche.
Has que vuelvan las primitivas manos que me alzaron.
Y la primera tarde, cuando todos venían porque un dios me
                                        [habitaba.
Y la primera noche de místico silencio,
cuando vi la luna
y sentí que era un templo, más eterno y lejano.
Lo que creías un pacto no es sino un común ejercicio
de ausencias y nostalgias.
El tiempo igual transforma los hombres y las casas.
Aprende de la lluvia, que el llano sea sonido.
Escribe tu elegía y suena mi campana.

Eduardo Álvarez Tuñón (Buenos Aires, 1957). Poesía: *El amor, la muerte y lo que llega a las ciudades*, 1980; *La secreta mirada de las estaciones*, 1987; *La ficción de los días*, 1990; *Poesía reunida*, 1991. Tres novelas: *El Diablo en los ojos*, 1994; *El desencuentro*, 1999, próxima a ser llevada al cine y *Las enviadas del final*, 2009.

María del Carmen Colombo
(Argentina)

LA FAMILIA CHINA
(Fragmentos)

SON CHINAS las tres chicas, pintadas por el fino pincel de un copista oriental. Ojos como rendijas miran la escena de la madre, lavando el kimono en el piletón del patio. Las miradas finitas rayan las ojeras de la madre, imitación de la sombra de un árbol exótico. Le dibujan persianas cerradas para protegerla de un sol de siesta, insoportable.

El alma china de la familia se llena como una palangana porteña al compás de los dichos maternales del agua. Y las tres chicas recuerdan, al unísono, los agujeros dejados por las balas. Los agujeros del recuerdo, multiplicados por tres, ensucian con la sangre del padre el kimono que la madre lava, infinitamente, adentro del piletón de sus propias ojeras.

Recordar, abrir el ojal de una herida llamada ojo, provoca un dolor de sol, insoportable, entre ceja y ceja. Por eso, a la sombra de un árbol exótico, las tres chicas pintan el alma de un dragón subiendo al cielo, con el fino pincel de sus pestañas.

. . .

Todas las noches, la madre china pone su mente adentro de una copita quieta. La llena con sus diminutos pensamientos de alfiler. Es de jade, la copita, y parece un párpado vaciado por la punta de una vara de bambú. Puede ser también un pájaro mudo que se sostiene en una sola pata de gallo.

La mente maternal imita el salto de los equilibristas, esos que tiran el alma por el aire y cae, hecha un bollito, en las aguas secas del vacío.

A la mañana, la mente china sale lívida del párpado, como un pez o un ánima que ha vagado por los vericuetos del limbo.

. . .

Cuando las tres chicas se acercan, el padre cierra el abanico de sus sentimientos, de golpe. Tiene miedo el padre chino de que el calor de sus hijas desplanche las rayitas de su alma, plisadas con suma paciencia por sus antepasados.

El miedo le hace pitar de una boquilla elongada hasta el límite. Chupa del pico el hombre, y de su boca evaporada por el humo se desprenden pensamientos finitos como el perfil de un pez raya.

Es el opio de los pueblos con que carga su boquilla el que lo hace descifrar sus pensamientos en voz alta. "Esas tintoreras —dice de sus hijas— calientan la pava y después yo salgo hecho una planicie. Qué saben ellas, tan chiquitas, del trabajo que costó a mis antepasados imitar el oscuro abanico de las olas, escama por escama, durante milenios, hasta hacer de mi alma este biombo musical que sólo los hombres chinos saben desplegar con dignidad."

Al escucharlo, la más china de las tres chicas desenrolla el caracol de su rodete en señal de rebelión. Cae ondulado el bandoneón de su pelo, y el padre recuerda el golpe, seco, de una sombrilla al cerrarse.

...

En espacios reducidos es propicio menguar, como la luna y las mareas: la dirección del movimiento obedece a la necesidad. Es favorable decrecer con rectitud, orientados por el mapa nocturno que dibujan las tablas de planchar, cuando doblan sus hojas y culminan, firmes, en una reverencia.

Los biombos se someten al dictado de los tiempos y ceden, dóciles, las teclas de sus abanicos. Una escalera devora su propio caracol, peldaño por peldaño.

Algunos pensamientos ensobran sus intimidades y se apilan, al igual que las sábanas, en prolijos acordeones. Las mentes más realistas se ajustan tanto al pan pan y al vino vino, que después se desparraman en otras dimensiones, como la gente que vive apiñada en una pieza y sueña con la amplitud del paraíso.

. . .

Los chinos, los chinos verdaderos sueñan con la Banda Oriental. El sueño aflora siempre a la hora de la siesta, cuando el destartalado carromato del pasado se pasea por la barriada con paso decimal.

Todos los días a la misma hora, la abuela de la familia se sienta frente a la ventana, en una de esas sillitas de paja que suele usar la gente de hábito quieto y penetrante.

La mirada de la anciana cruza la línea desafinada de los techos; su mano continúa el movimiento y navega por el pecho como un pequeño barco de vapor. Escapa de la mujer, buscando el cielo, un suspiro similar a los vientos del destino, que arruga el corazón de seda, oculto en el centro de su bata.

"!Orientales, la patria o la tumba!", grita el altoparlante de la boca para afuera. Y la voz de la abuela contesta, de la boca para adentro: "Nadie insulte la imagen del sol".

Una música gime entre el polvo seco de los caminos, y se aleja, hasta que sólo resuenan los ecos de lo que fue: tristes y vidalas se agitan junto a los desflecados pabellones del aire.

A Cristina Marciale

María del Carmen Colombo. (Buenos Aires, 1950). Publicó: *La edad necesaria* (1979); *Blues del amasijo* (1985); *Blues del amasijo y otros poemas* (1992, reeditado 1998); *La muda encarnación* (1993), *La familia china* (1999, reeditado 2006) y *Los sueños del agua* (2010). Además publicó *Santo y Seña* (publicación conjunta, 1984) y *Folletín* (Plaquetas del Herrero, 1998). Recibió diversos premios. Coordina talleres literarios.

Miguel Espejo
(Argentina)

TEORÍA DE LA RELATIVIDAD

¿Quién me quita lo bailado?
farfulló un rengo mientras abandonaba a hurtadillas la pista
                                              [de la vida
después de una ingesta alcohólica que no lo ayudaba para nada
a distinguir en dónde estaba la oficina migratoria de la muerte.
Otro, menos maltrecho, intentaba seguirlo en su festín de
                                         [puro presente
como los sátiros de ónix persiguiendo ninfas
que vi algún día en un museo de Buffalo.
No era un baile de ilusiones, ni un danzón en el trópico
y menos todavía un coctel-party entre Viridiana y jadeos de
                                         [mendigos.
No era tampoco, o no del todo, una plena celebración del
                                         [instante
sino la rotunda verdad de lo ambiguo y lo relativo.
Allá estaba el Ser y del otro lado del mostrador estaba el no-Ser
del mismo modo que ocurre en esos bares cuando el
        [tabernero, el *barman* o como quiera llamárselo cruza la
        [línea para beber con su cliente;
de un lado y del otro estaba lo relativo, alternándose, sabias
        [putas jóvenes con sus aquilatadas artimañas con las que
        [engatusan a sus clientes.
Todos clientes de lo relativo, aún Benedicta XVI (Fernando
        [Vallejo así la nombra) que lo detesta más que a los
        [siete demonios de la sabiduría,
más que a los abortos clandestinos y sus secuelas, más que a
        [preservativos inflados de higiene aunque cortos de
        [pasión, más que a las píldoras que esa caterva no
        [necesita para cultivar la pedofilia.

Pues lo relativo reina en democracia y no en dictadura
reina sobre putas y putañeros, sobre imperios y naturaleza,
sobre mares y montañas, reina, reina, sobre galaxias enteras,
reina sobre Dios, él mismo relativo
proyección omnipotente de una tribu maníaca.
Entre lo relativo, todo ser tiene un brillo en sus ojos
y entre ellos una negra mancha
y que lo digan si no las prédicas y conductas de Papas y afines
semejantes al senador homofóbico del imperio (muy alicaído,
            [por cierto, digo, el senador, no el imperio)
que se desvivía por ser enculado en un baño de aeropuerto.
Que lo digan si no esos refranes antiguos y contradictorios
puestos a prueba por cojos y estrábicos del escenario:
Al que madruga, Dios lo ayuda.
A Dios rogando y con el mazo dando.
No por mucho madrugar, amanece más temprano.
Nunca digas nunca, niño inmaduro de esplendente limbo.
Nunca digas de esta agua no he de beber
especialmente si está bendita.
Estos soles de tinieblas echan su luz sobre el incomprensible
                                        [mundo
el hormigueante palpitar y la intolerable vida
¿pues qué sería de nuestro grotesco pas de deux
sobre la raída alfombra planetaria
qué de las piruetas o de los saltos de Nijinski
sin una danza macabra de vez en cuando
con el tibio cadáver extraído de un corazón de vidrio?

VACILACIÓN DE LA HIDRA

Un alarido de cólera tras el olvido de los sueños que no retuve.
Cientos de rostros furtivos, de líneas imprecisas, que se
        [cruzaron por mi vista en los arrabales de la memoria
en la tenaz incertidumbre de lo que uno ha vivido.

No entonces las manos que crecían de mi máquina de escribir
amenazantes como las cien cabezas de una Hidra
cuando apenas tenía veinte años y creía gozar de un porvenir.
Ni siquiera el ataúd donde me encontraba por la misma fecha,
compadeciendo a deudos y parientes por la incomprendida
        [serenidad del cadáver que yo era.
Y menos todavía las veces que concurrieron mi hermana y
        [luego mi padre
bajo el amparo de una ferocidad semejante a la de sus victimarios.

Hablo de sueños donde todo se disipa y donde la búsqueda
        [de trazas inhallables golpean sobre el poco equilibrio
        [de la cordura,
sueños en los que se encuentra el fulgor de la expresión de
        [Calderón de la Barca y a través de los cuales se
        [advierte la vida entre cenizas,
sueños sin maravillas ni intensidad, desvaneciendo el rostro
        [de la mujer que comparte nuestro lecho y que golpea
        [el cráneo con extraños martillos de sustancia
        [desconocida.

Difícilmente haya algo más inefable que la porción de una imagen
que no se alcanza a precisar y que horada el cuerpo
con insomnio de maníaco. Difícilmente haya imagen,
un sitio acogedor para los sueños pródigos.

Miguel Espejo (Jujuy, 1948) Poeta, ensayista y narrador. Sus
poemarios: *Fragmentos del Universo* (1981); *Mundo* (1983 y 1999); *La
brújula rota* (1996), Premio Municipalidad de Buenos Aires, subsidio
vitalicio al mérito artístico y Primer Premio Regional de la Secreta-
ría de Cultura de Argentina); *Negaciones* (1998) y *Larvario* (Antología
personal, 2006). Entre 1976 y 1983 residió en Canadá y México.

Jorge Ariel Madrazo
(Argentina)

LOS GUERREROS DE LA NADA

No los veíamos, a esos perros gemidores
del inframundo, esos xolotlzcuintles cuyas heridas
sanaban con sólo humedecerlas

No los veíamos mas allí estaban, dentro
de nosotros, caminando con nuestros pasos,
sangrando nuestra sangre con aroma de inciensos

¿nos guiaban acaso al infierno, a un cielo del revés,
a nuestros huesos descarnados, a nuestra desmemoria?
Eran calientes, su cuero sin pelos nos encendía el corazón.

Ahora, aquí abajo velan nuestras armas, quieren despertarnos.
Para acudir donde Xólotl, el guardián de esta rara comarca.
Pero sólo deseamos descansar, hemos sufrido demasiado.

No nos platiquen ya de mujeres de muslos de lino.
No nos recuerden el Sol, su carro rodando en la alta esfera.
Nadie de aquí nos moverá. A nosotros, los guerreros de la nada.

(Villahermosa, México, 2008)

...Y ÉSTA ES LA NOCHE

Croan las ranas en un pantano inexistente...
Miriam Cairo

Y ésta es la noche, danzando sobre los álamos.
En el nocturno azufre vuelvo, pues, a ser
aquel que ni los íntimos amigos adivinan.

No, ellos apenas acogen estas pálidas facciones
que los ángeles del ayer no soñaron,
por eso
al aquí dejarte mi palabra:
las ranas del campo
(donde una vez me supe vivo)
vuelven a croar, son mis fieles escuderos
de la resurrección.

Ellas cantan al tren remoto
acribillado por el oro solar, a
las nubes del encantamiento.
Ellas cantan a mi perplejo corazón.
Croan las ranas, y mi vida
obtiene en ello lo justo y necesario.

Adviene vuelto enigma
el canto de las ranas
y todo está muy bien, está
todito bien, muy bien.
¿Lo he dicho?:
Cantan las ranas en su pantano inexistente, y
está todo en su sitio, y muy muy bien
muy bien.

PAJARITO Y UN FILM MUDO

¿SE HABRÁN previsto descarnados,
sombras vivientes de un film mudo, los actores
(hoy muertos)
de un film mudo?
Es decir: ¿soñaría louise brooks
la lujuria   la sal de pasión
de algún voyeur de hoy deseando a su lulú

y tal voyeur el deseo adivine
del hijo que mañana
deseará a su louise brooks?

Y así, siguiendo el hilo, dudarás:
Los mitos griegos   las perséfones perversas
¿sospecharon, un acaso, un talvez, su mítico
linaje?   ¿Habrán quizás
pensado: "Mito somos y así
debemos comportarnos? ¿O:
"triste es el mito que no se presiente"?

Y ¿cómo en la foto tremolar tal gesto,
convertirte en el mítico ancestro
de un futuro álbum familiar?
¿Susurrar cheeseee   y tu obediente
              sonrisa ("mirar al pajarito")?
Pajarito gorjea, viajero
de los flashes del Tiempo.

Jorge Ariel Madrazo (Buenos Aires, 1931). Vivió en Venezuela: 1975/1983. Doce poemarios, entre ellos *Cuerpo Textual* (Premios Municipal /Nacional-Regional), *Para amar a una deidad* (Premio Fondo de las Artes), *De vos*. Cuentos: *Ventana con Ornella, La mujer equivocada, Quarks-Microficciones*. Inéditos: poemarios, la novela *Gardel se fue a la guerra* (Premio "Eduardo Mallea"). Traducido al portugués, inglés, italiano y macedonio.

Horacio Salas
(Argentina)

GENÉTICA

No me dio muchas cosas: una escasa estatura
el humor permanente
los buenos modales en la mesa
el trato a las mujeres
No me ha dejado ni una casa ni un campo
coleccionaba deudas y acreedores
compañeros de póker y leyendas
pero está en mí
se aparece de pronto en el espejo
en un inesperado movimiento / en una mueca
en las cejas pobladas
se me presenta a veces corrigiendo mi letra
o en los últimos sueños de la noche
lo veo en el medio de la calle
de sobretodo oscuro / despidiéndome
o ya destruido tembloroso irritable
amarillento
triste porque su hijo se ha marchado al exilio
ignorando en el fondo
si estaba en el Pacífico o en Suecia
Confuso y confundido
          como lo estuvo siempre
suponía que el tiempo puede volver atrás
que se repite
No amaba los poemas
y prefería una buena sentencia a una novela
se dormía en cualquier parte
y era capaz de gastar en un rato
el sueldo de dos meses

Nunca nos comprendimos
salvo una noche
en que me vio llorar de amor
        (y me lo dijo)
aunque al día siguiente otra vez nos callamos
Él no aprendió a llorar
no pudo hacerlo ni ante mi madre muerta
a la que amaba hoy lo comprendo cuánto
de qué manera trabajosa / tramposa
pero intensiva / intensa humorista y dramática
Su soledad se agudizó con mi partida
pero no me lo dijo
        (o me lo dijo y no pude entenderle)
Cada tanto llegaban unas cartas
confusas al principio
        incoherentes más luego
Cuando después de algunos años volví a verlo
no era el mismo
su cuerpo me pareció resquebrajado
y en su mirada había una nebulosa
—pensé que cada uno elige su destino—
los dos habíamos edificado
        nuestras paredes altas sin ventanas
hablamos de la nada
nos mentimos
Ahora junto a mi madre me visita en los sueños
Rara vez nos hablamos.

PLATOS

PLATOS descoloridos por décadas de almuerzos y de cenas
confrontando colores con zapallos y paltas
                        con morrones ardientes
combinaciones con el berro o el rojo del gazpacho

aquellos platos amarillos de mi infancia
platos para largos diálogos de vino y sobremesa
platos donde mis hijos desbordaban papillas
                              y bananas pisadas
platos azules que atravesaron el Atlántico
platos de cerámica de humilde loza o porcelana
platos para las cazuelas y los curries
platos para los pescados y los pollos
platos de sufrimientos y de exilio
platos vacíos y platos rebosantes de festejos
                              o sopas del invierno
platos que acompañaron nuestra historia
platos aparecidos en la vida antes de nuestro nacimiento
platos que perduran más allá de otras muertes
platos con los que nadie sabrá qué hacer cuando me muera.

Horacio Salas (1938). Ha publicado más de 40 volúmenes de ensayo y de poesía. Traducido a 12 idiomas. Condecorado por Francia como "Chevalier des Arts". Declarado "Ciudadano ilustre de Buenos Aires". Premios Nacional y Municil. Su último libro de poesía *Dar de nuevo* apareció en 2003. Fue Secretario de Cultura, y Director de la Biblioteca Nacional.

Mario Sampaolesi
(Argentina)

MALVINAS
Poema - Fragmentos

Cavá un pozo, cavá hijo de puta; sacá con la palita la tierra por ahora negra de Malvinas; cavá te digo, pendejo, y después si querés vivir metete bien adentro de ese agujero porque vienen los ghurkas.

Vienen los ghurkas y estoy solo en esta noche helada, arada por los proyectiles luminosos de la metralla; los obuses caen cada vez más cerca y yo no quiero morir acá, lejos de todos en la congelada noche de las islas, encandilado por los trozos de cielo amarillento de las bengalas, arreado hasta acá como ganado porque soy argentino; pero no quiero morir y hace tanto frío, y vienen los ghurkas, vienen arrastrándose sobre la tierra todavía negra de Malvinas, vienen por mí.

Yo los siento acercarse.

Los suboficiales dicen que después de matar al enemigo ellos le comen el corazón, mi corazón argentino late todavía, los pedazos rotos de mi corazón serán masticados por los ghurkas, tragados hasta el estómago británico de los ghurkas, la sangre de mi corazón celeste y blanco se mezclará con la de ellos, y así nuestros pasados con su carga de dolor y de secreto convergerán en cada pulsación, en cada latido.

Estoy muy solo esta noche y quiero volver, quisiera volver antes de que coman mi corazón, mi corazón que ama tanto esta turba negra y dentro de poco roja de Malvinas.

Pero no puedo irme, no puedo dejar este lugar, este pozo profundo que cavé con mi palita, esta tierra que arañé con mis manos paralizadas de frío, esta turba que aplané, que apisoné a patadas con mis borceguíes escarchados, rociados con las neblinas mutantes de las islas.

Mejor me quedo para cumplir con un destino, algo así me dijo el capitán, pero extraño y no puedo ver aunque todo está fatalmente iluminado y vienen los ghurkas.

Pero en una de ésas, con el correr del tiempo, quién sabe, los trocitos, los pedacitos, las miguitas líquidas de mi corazón, tal vez los cambien.

***

No tener, no desear, ser sin antes ni después, observar el flujo de las emociones, de los recuerdos, de los pensamientos; sentarse inmóvil y quedarse así, sin pensar, pensando desde el fondo del no pensamiento; contemplar el remolino de los sucesos, dejarlos pasar y olvidarlos; olvidarlo todo, vaciarse, volverse amnésico, la mirada hasta más allá de la visión y la vida que deja de ser sueño, que no es sueño.

Y el ex-soldado, el ex hombre oye el brutal murmullo de la vegetación agitada por el viento; ve el reguero de huellas de aves marinas y sus distintos senderos a través de las piedras; ve el escarchado suelo, algunas gotas colgantes sobre las hojas de los tussocks; siente en carne propia el picoteo del albatros sobre la masa plateada del pez, su devoración segmentada; ve los dibujos caprichosos de las nubes, sus movimientos veloces; ve el musgo amarillento y mojado pudrirse sobre otros anteriores que se pudrieron se pudren sobre la turba; ve cómo el cadáver de un lobo marino se desintegra desde su carne hacia aquí, cómo se convierte en objeto de una orgía de gusanos; oye los zumbidos babeantes de ese hervidero; vislumbra cómo a metros de allí, las gaviotas, los cormoranes, los chorlitos, los cauquenes revolotean, cazan, defecan, picotean, graznan.

Todo es el mismo bosque.

***

La turba es esponja acuosa y sucia. Todo se hunde sobre ella.

Ella lo absorbe todo.

El muchachito, el soldadito está echado, aplastado contra esa especie de oscuridad flotante y fría.

Trata de diluirse en esa acuática superficie sin resistencia mientras espera el ataque, mientras el viento feroz arrasa la planicie de Malvinas.

Resiste la neblina suspensa del aire: su espesura líquida pesa sobre el cuerpo.

Se congelan los pies, las manos, los brazos, las piernas, la cara es trozo de escarchas (capa sobre capa), el fusil una icebergiana masa de hierro gris mientras el viento arrasa la planicie, mientras las nubes plomizas cargan otra lluvia, preparan el diluvio: un diluvio sin rescate, sin posibilidad de huída o refugio.

El muchachito espera que vengan los ingleses, espera que lo vengan a matar.

Está solo como tantos otros dispersos, semienterrados en los pozos de zorro: todos con la expectativa del balazo.

Después del disparo sigue una previa quietud, luego el proyectil hace blanco en el cuerpo, atraviesa el pilotín endurecido y mugriento, la chaqueta, el *pullover* que alguien tejió en Buenos Aires y que nadie sabe cómo llegó hasta allí, la camisa de fajina, los papeles de diario, la camiseta; la bala atraviesa el ropaje indefenso del soldadito, perfora la carne, explota en la sangre, en la piel, parte el hueso, lo estalla, entra en el pulmón, la bala inglesa lo agujerea allí en la soledad infinita de la planicie de Malvinas.

Pero no sólo traspasa su cuerpo, también lo hace con los recuerdos de hogar, de madre, de hermano, de novia, de amigos, de ciudad; la bala explota dentro del aura del argie, del soldadito que no se rinde, del muchachito que a pesar de que no puede, de que no quiere, de que no lo quieren es héroe.

Y muere.

Y todo lo que no sabemos, todo lo que no queremos saber, todo lo que no imaginamos se expande como plomo en el estómago.

Mario Sampaolesi (Buenos Aires, 1955). Desde 1993 dirige la revista de poesía *Barataria*. Ha publicado entre otros: *Cielo primitivo* (1981); *El honor es mío* (1992); *Puntos de colapso* (1999); *Miniaturas eróticas* (2003); *Malvinas -poema* (2010). *La vida es perfecta* (2005, novela). Ha traducido del francés *El cementerio marino* de Paul Valéry. Desde 2003 dirige el Taller de Poesía de la Biblioteca Nacional.

Eduardo Mitre
(Bolivia)

TESTAMENTO

SIEMPRE díganle sí a la vida
como en su vuelo los pájaros:
aunque se les venga abajo
el cielo, y San Pedro encima.

Nuestra casa es el tiempo:
un desierto y un vergel.
Y a veces —con mar o sin él—
un paraíso terreno.

¿El deseo sin el amor?
Un príncipe ciego.
¿El amor sin el deseo?
Un rey tuerto.

Al amor y al deseo
es fácil confundirlos:
nacen mellizos
y parecen gemelos.

Juntos inventan prodigios,
juegos de fuego y agua,
instantes infinitos
con noches y mañanas.

¿Quién les habla? Un peregrino
de escasas virtudes breves

y varios y largos vicios
que no se arrepienten.

Tampoco yo. Gracias a ellos
he sido un buen agente
de la hermosa Creación.
La prueba contundente:

Ustedes dos.

Enseñanza del camino:
Muchas gotas de sudor
y muy pocas de rocío.
Pero no hay otro mejor

por culpa de unos chorizos
—vampiros y vampiras—
embutidos de codicia
y repletos de vacío.

Miren: Las estrellas juntas
en el edificio del cielo:
no matan ni roban
ni se disputan.

Todas
—aun las difuntas—
hacen su oficio: alumbran.
Sigan su ejemplo.

La muerte no existe.
Existen los muertos.
Todos nos dejan maltrechos
pero vivos. Son buenos.

Les dejo mi verso preferido.
Es de mi amigo Pessoa.
Guárdenlo en la memoria
y protéjanme del olvido:

*Aun sólo para oír al viento pasar
vale la pena haber nacido.*

(De: *Camino de cualquier parte*, 1998)

Eduardo Mitre (Oruro, Bolivia, 1943). Doctor en literatura latinoamericana por la Universidad de Pittsburgh. Es Miembro de
Número de la Academia Boliviana de la Lengua correspondiente
de la Real Española. Autor de más de 15 libros de poesía y ensayo.
Colaborador de las revistas mexicanas *Vuelta* y *Letras Libres*. Ha sido
traducido al inglés, francés, italiano, alemán y portugués.

Juan Carlos Orihuela
(Bolivia)

CUERPOS DEL CUERPO

COMO en el cuerpo
los huecos de la tierra se levantan desde el humo
hasta que las madrigueras no resueltas
recuerdan su nombre
y los lagos develados continúan abriendo sordamente
este territorio de furia y letanías.

En la dureza del monte reconozco el cuerpo boliviano
        en las abras y ventisqueros
en la unidad no dicha de sus piedras sobrias
        en el gesto indecoroso de su colectividad solitaria
en la sangre que gotea por un lenguaje viejo
reconozco el cuerpo de Bolivia.

Cuerpo mayor surcado por los nudos
de nuestros cuerpos
estremeciendo su temperatura sedentaria
        sometiéndose manso
a los cánticos y a las invocaciones
de los cuerpos presentes.

Cuerpo mayor desde donde se invoca
a los cuerpos ausentes
que ya fueron alojados por la serenidad
y se deslizan
        nómadas
en medio de la brisa
vigilando nuestra travesía.

Cuerpo mayor detenido en la obsolescencia
de las palabras impresas
en el aturdimiento del poder.

Cuerpo mayor como el reverso mundano de la luz
        desahuciado de cosas sueltas
radical
        único
cuerpo irrepetible realizando su labor en el centro
pero también en el arriba y en el afuera del cuerpo
        en el adentro y en el abajo que se expande al resto
a la vigilia y a la sombra.

PASAJES

No se repiten los días.
En el fondo de sus madrigueras
        lado a lado
se miran el uno al otro sin reconocerse
        empujando sin fatiga
la escama estrecha de los ciclos que desvanecen
        tal vez esperando una señal que caiga
                sin clemencia
desde la boca de dios.

Al amparo de sus misteriosos hábitos
los días se recuerdan a sí mismos
pero siempre son otros.
Inquietos se escurren en el tumulto
de la memoria
        solicitando otras voces
otros rumores
        evocando los mismos secretos.

Los días bailan en la ansiedad de los ojos.
Son visiones agrestes que caen en el mundo
como llagas distantes
pretendiendo ocultar sus sentidos
en los bordes de lo imprevisto
        terca sucesión que no logra perpetuarse
porque los días son ilusión pura
que se agazapa sin tregua
en la oquedad de los crepúsculos
        esperando
temerosos
sus madrugadas inciertas.

ANUAL

La hoja se repite en luz de vigilia.
El viento es el júbilo inicial de los árboles
en la madurez de un otoño
que ya estuvo.

Serenas las marcas del cuerpo
serena la memoria
la muerte será esta quietud
que recuerde su día.

Juan Carlos Orihuela (La Paz, 1952). Poeta, ensayista y Profesor Emérito de la Universidad Mayor de San Andrés de La Paz-Bolivia. Doctorado en Narrativa Hispanoamericana Contemporánea por la Universidad de Davis, California. Premio Nacional de Poesía "Franz Tamayo". Ocho poemarios publicados, incluido en varias antologías y autor de numerosos ensayos.

Lêdo Ivo
(Brasil)

LOS POBRES EN LA ESTACIÓN DE AUTOBUSES

LOS POBRES viajan. En la estación de autobuses
levantan los cuellos como gansos para mirar
los letreros del autobús. Sus miradas
son de quien teme perder alguna cosa:
la maleta que guarda un radio de pilas y una chaqueta
que tiene el color del frío en un día sin sueños,
el sandwich de mortadela en el fondo de la mochila,
y el sol del suburbio y polvo más allá de los viaductos.
Entre el rumor de los alto-parlantes y el traqueteo de los
                                        [autobuses
temen perder su propio viaje
escondido en la neblina de los horarios.
Los que dormitan en las bancas despiertan asustados,
aunque las pesadillas sean un privilegio
de los que abastecen los oídos y el tedio de los psicoanalistas
en consultorios asépticos como el algodón que tapa la nariz
                                        [de los muertos.
En las filas los pobres asumen un aire grave
que une temor, impaciencia y sumisión.
¡Qué grotescos son los pobres! ¡Y cómo molestan sus
                                        [olores aun a la distancia!
No tienen la noción de lo conveniente, no saben portarse
                                        [en público.
El dedo sucio de nicotina restriega el ojo irritado
que del sueño retuvo apenas la legaña.
Del seno caído e hinchado un hilillo de leche
escurre hacia la pequeña boca habituada al lloriqueo.
En los andenes van y vienen, saltan y aseguran maletas y
                                        [paquetes,

hacen preguntas impertinentes en las ventanillas, susurran
[palabras misteriosas
y contemplan las portadas de las revistas con aire espantado
de quien no sabe el camino del salón de la vida.
¿Por qué ese ir y venir? ¿Y esas ropas extravagantes,
esos amarillos de aceite de *dendé* que lastiman la vista delicada
del viajero obligado a soportar tantos olores incómodos,
y esos rojos chillantes de feria y parque de diversiones?
Los pobres no saben viajar ni saben vestirse.
Tampoco saben vivir: no tienen noción del confort
aunque algunos de ellos tengan hasta televisión.
Verdaderamente los pobres no saben ni morir.
(Tienen casi siempre una muerte fea y de mal gusto).
U en cualquier lugar del mundo molestan,
viajeros inoportunos que ocupan nuestros lugares
aun cuando vayamos sentados y ellos viajen de pie.

(Versión: Maricela Terán en *Las islas inacabadas*, UAM, 1997)

LOS MURCIÉLAGOS

En la cornisa de la aduana se ocultan los murciélagos.
Pero ¿dónde se esconden los hombres
que vuelan en tinieblas toda su vida y se estrellan
en las blancas paredes del amor?

La casa de nuestro padre estaba llena de murciélagos:
Candelabros pendientes de las vigas, sostén
del techo amenazado por las lluvias.
"Estos hijos nos sorben la sangre" se quejaba mi padre.

¿Quién lanzará la primera piedra contra este mamífero
que, como el hombre, se alimenta de la sangre
(¡hermano! ¡hermano!) y exige, comunitario,
aun en tinieblas el sudor de su prójimo?

En la aréola de un seno joven como la noche
se esconde el hombre, guarda su amor,
como si fuera oro, en su almohada
o a la luz de un farol.
El murciélago duerme como péndulo
y guarda nada más el día ofendido.

A mis ocho hermanos y a mí nos legó nuestro padre
su casa en la que por la noche
caía la lluvia entre las tejas rotas.
Pagamos la hipoteca y conservamos los murciélagos.
Ahora se debaten en nuestros muros,
ciegos como nosotros.

(Versión: José Emilio Pacheco en *La tierra allende*,
Ediciones del Azar, 2005)

MI PATRIA

MI PATRIA no es la lengua portuguesa.
Ninguna lengua es la patria.
Mi patria es la tierra mórbida y pegadiza donde nací
y el viento que sopla en Maceió.
Son los cangrejos que corren en el cieno de los mangles
y el océano cuyas olas continúan mojando mis pies cuando
                                              [sueño.
Mi patria son los murciélagos suspendidos en el
                    [revestimiento de las iglesias carcomidas,
los locos que bailan al atardecer en el hospicio junto al mar
y el cielo, curvado por las constelaciones.
Mi patria son las sirenas de los navíos
y el faro en lo alto de la colina.
Mi patria es la mano del mendigo en la mañana radiosa.
Son los astilleros podridos

y los cementerios marinos donde mis ancestros uberculosos
   [y palúdicos no dejan de toser y temblar en las noches frías,
y el olor a azúcar en los depósitos portuarios
y las tencas que se resisten en las redes de los pescadores
y las ristras de cebolla enroscadas en la tiniebla
y la lluvia que cae sobre los corrales de peces.
La lengua que utilizo no es ni nunca fue mi patria.
Ninguna lengua engañosa es la patria.
Ella sirve apenas para que yo celebre mi grande y pobre
                                        [patria muda,
mi patria disentérica y desdentada, sin gramática y sin
                                        [diccionario,
mi patria sin lengua y sin palabras.

(Versión: Jorge Lobillo en *Mía patria húmeda*, IVEC, 2006)

Lêdo Ivo (Maceió, 1924). Poeta, narrador, periodista y ensayista. Una de las figuras más representativas de la moderna literatura brasileña. Considerado el más destacado de la Generación del 45. Ha publicado innumerables libros de poesía, novela, cuento y crónica, así como sus memorias *Confissões de um poeta*. *Poesía completa*, de 1,099 páginas, reúne su obra poética de 1940 a 2004.

Juan Cameron
(Chile)

SUBWAY

Padre   no leas a Shakespeare
hay estatuas en el Metro   la Pietá
sostiene los huesos del suicida
Esta telenovela no es Hamlet
ni mis somnolientos pasos
tremolan la Venus metropolitana
bajo las venas metropolitanas

Padre   es tarde en Chile
la lluvia cruza el mundo como fantasma
la cultura son rieles   los ángeles
tronan las trompetas en los túneles
azules del ocaso   es tarde   es tarde
la inflación ha causado demasiadas bajas en la tierra de nadie
& yo te lanzo frases
misiles u oraciones después de los ataques
una columna de fantasmas mis palabras
ladridos en ladrillos se deslizan
bajo el neón vernacular

Padre   no leas a Shakespeare
alza tus ojos a los ángeles ateridos de tedio
ángeles subterráneos liberados de pájaros & flores
esperando la daga celestial   la paloma
descendida a la tierra precaria   a la oscura
en el sube & baja de las escaleras mecánicas

Padre   en cuál estación
            en cuál tren
                    dónde?

Las estatuas son ángeles caminan salen de las cloacas bailan
arriba hay un mundo dicen
Padre alza tu vista
súbeme en tus párpados besa esta frente
Es tarde en Chile
              es tarde
Quiero ver los días anteriores
quiero la sal del aire alcanzarla
Padre
    ya no leas a Shakespeare
es mía la calavera sobre tu mano
& el último tren atraviesa tus ojos.

(De Escrito en Valparaíso)

ESCRITO EN ESTOCOLMO

Y QUÉ SERÁ de Patricio?
Con su ceñudo gesto se echará unas copitas en memoria
de quizá cuál recuerdo   / nieve   / luz artificial
        / el silencioso túnel de algún Metro
camino hacia sí mismo   (el timbre de un teléfono irrumpe
                                          [en el poema)
Su voz apenas queda registrada en la imagen
—una fotografía fechada hace unos años—
resuena en la consola al reinventar su nombre
La pantalla es oscura
El ceño es de mi padre   la calva de mi abuelo
su amor al viejo libro lo copió desde niño
y ahora entiende a Shakespeare y se ríe en los buses de sus
                                    [tontas novelas medievales
Lo miro en este texto:
tiene casi la edad que yo tenía en ese instante en la misma
                                    [ciudad cuando llegaba
sin saber de un regreso   (el timbre de un teléfono extien
                                    [de sobre el tedio

su ruido por la tarde)   Es ya casi verano
y ahora los papeles se han trocado así puntos cardinales
        (lo dijo Ángel González) que ocultan sus ganancias:
tiempo   tiempo   tiempo
Traquetea el olvido como un tren subterráneo
y en cada andén el viento levanta algún retrato
—un cómic arrojado desde un tren extranjero *(*)*—
que se alza así un hijo en repentina risa

                              y lo arrastra a lo oscuro.

(*) Íbamos en busca de la libertad de América/ El tren era un cansado jadear sobre la pampa/ y esas líneas te dije son trampa para incautos/ Lancé por la ventana tu revista/ y con ella —ahora sé— deshojaba mi imagen/ Has cobrado esas páginas/ cada cuadro cada globo cada color has revisado/ Difícil detener ahora esa marcha/ aullar como ese tren antes del túnel/ bajar y recogerla entre los restos/ cambiar de itinerario/ Éramos cuanto somos quizá algo más pobres/ o más aventurados/ Tal vez eso olvidaste mas no aquel cómic/ Cada palabra tuya lleva rencor en su trazado/ y a veces florece con el vino/ al paso de la ausencia/ No hay fin para esta historia/ es parte del guión equivocado/ panfleto de algún cuento/ que silba en la memoria y nos persigue/ como el retrato de una estación ya muerta.

Juan Cameron (Valparaíso, 1947) publica entre otros *Perro de circo, Cámara oscura, Treinta poemas para leer antes del último jueves;* las crónicas *Ascensores de Valparaíso* y *Beethoven, el yogurt y nuestros años felices.* Premios: Federación de Estudiantes de Chile (1972), Gabriela Mistral (1982), El Mercurio (1996), Villanueva de la Cañada (1997), Consejo Nacional del Libro (1999), Ciudad de Alajuela (2004).

Omar Lara
(Chile)

ENCUENTRO EN PORTOCALIU

EN ESE TIEMPO yo corría detrás de una sombra.
Desde el décimo piso en el barrio de Drumul Taberei
yo miraba a través de una niebla caliente,
a través de una humedad humosa,
a través de las reverberaciones de agosto
una figura venía caminando
desde la parada de autobuses.
Una figura parecía dirigirse hacia mí,
yo la veía perfectamente desde el décimo piso
en el barrio de Drumul Taberei:
era la odiada figura conocida,
su aborrecible rostro estaba ahí y su pelo
que el sol no incendiaba y con él todo su cuerpo.
Yo miraba petrificado la escena,
los indolentes pasos y su entorno:
árboles, cosas en movimiento, el asfalto que el sol ondulaba.
Yo miraba esa escena con su centro precioso...

En esos tiempos yo escribía un poema titulado
"Encuentro en Portocaliu",
era necesario encontrarme rápidamente
porque —pensaba yo— ¿la poesía para qué puede
servir sino para encontrarse?

Eso fue después de escribir muchas cartas
preguntando
¿dónde estoy? Nadie sabía dónde estaba
y no podían decírmelo,
de modo que empecé a decir a diestra y siniestra

protégeme con algo el corazón.
Protégeme con algo el corazón
seguía repitiendo
y como no me entendían
comencé a escribir unos poemitas insidiosos
relativos al río Dimbovitza,
relativos a la columna del infinito,
relativos al plan quinquenal.
Hasta que un día en Portocaliu.

Un día en Portocaliu
(en Portocaliu hay un sol amarillo como cáscara de
naranja)
una tarde en Portocaliu
(en Portocaliu hay unos grandes pájaros con dos patas
larguísimas y picos en forma de corazón)
una noche en Portocaliu
(estaba escrito que no te encontraría
en Portocaliu
pero guardo el recuerdo de esa espera y huellas
de picotazos en forma de corazón).

TOQUE DE QUEDA

QUÉDATE
Le dije
Y
La toqué

PEQUEÑO DIARIO

Sé lo que eres
          un remolino vaciándose en sí mismo
una copa de flores y silencios
un puñal de aire helado
un aleteo
        un sismo
              una ventana

Ay, si supiera qué eres.

AYER DI LA VUELTA AL MUNDO

Ayer
di la vuelta al mundo
y yo
casi sin enterarme

en los caireles de la semivigilia
huelo hoy y me digo
ayer di la vuelta al mundo
y yo
casi sin enterarme

Omar Lara es autor de una veintena de libros, entre ellos *Los buenos días, Oh Buenas Maneras* (Premio Casa de las Américas, Cuba), *Papeles de Harek Ayun* (Premio Casa de América, España), *Voces de Portocaliu, Delta, La Nueva Frontera* y *Prohibido asomarse al interior*. Es traductor del rumano. En1964 fundó el Grupo Trilce y la revista de Poesía *Trilce*, que dirige hasta ahora.

Manuel Silva Acevedo
(Chile)

EL IMPERIO DE LA LEY

In memoriam Pinochet

DEL GANCHO afilado de la luna menguante
cuelga la hermana res despostada y sangrante
y sobre el mármol del holocausto
la testa del porcino simula por instantes
los arrestos de un César augusto y altanero
que contempla el destino ineluctable
mientras la sangre escurre presurosa
por los conductos institucionales.

ROJO ENTRE EL AMARILLO

TÚ ENTRE los cardos, criatura podrida
aureolada de moscas
Tú entre los insectos carniceros
carne en crepitación
vientre y lengua más procaces
que el sol sanguinolento
entre los álamos
Tú entre los luminosos rumores
del campo al mediodía
mi semejante, mi hermano masacrado.

INFANCIA DEL POETA

EL BALÓN rebota escaleras abajo
y entonces oh inocencia perdida

entra a escena el infante
en pos del preciado juguete
que lo antecede en descabellada caída
Envuelto en túnica de duelo
un ángel de mampostería
se cubre la vista consternado
Se resquebraja y desploma el cielorraso
Las escenas de pánico
quedan registradas en videocinta.

CANTINA

Ojo con el espejo de la cantina
donde evitan mirarse los parroquianos
porque la luna llena los encandila
y el reflejo del vino los encabrita
Dobles se ven los rostros desde el mesón
la imagen reverbera
y cae al fondo de la botella
brillan las ampolletas como centellas
chocan los vasos llenos y se revientan
Se prohíbe mentar la madre del cantinero
Se prohíbe usar los vasos de ceniceros.

RETABLO

Se recuestan en pétalos de rosas
Se retuercen en lecho de espinas
Se refriegan las partes genitales
Se restriegan con toda impudicia
Se montan como cuadrúpedos
Se acoplan como moscas lascivas
Se encaraman la una en la otra

Se encarnan como uña mordida
Se mancuernan con saña
Se revuelcan en sangre y ceniza
Se desgajan del árbol
Se revienen como fruta podrida
La vida con las piernas abiertas
La muerte con la cara torcida.

EL ÁRBOL DEL AZUR

> *...y he visto tantas veces lo que el hombre*
> *ha creído que veía*
> Rimbaud

Has visto florecer el árbol del azur
en medio de las furias
y el fragor de las trombas
te ha derretido hasta las médulas
Arrebatado por el éxtasis
(no sabrías decir si vivo o muerto)
has contemplado lo innombrable
con la vista clavada
allí donde la luz no osa penetrar
Ah si consintierais
en develar vuestro secreto
criaturas sin sombra ni perfil
Los abstractos te cubren
con sus alas color palidez.

Manuel Silva Acevedo (1942): *Lobos y ovejas* (1976); *Mester de bastardía* (1977); *Monte de Venus* (1979); *Desandar lo andado* (Canadá, 1988); *Wölfeag und Schafe* (1989); *Suma alzada* (FCE, 1998); *Cara de hereje* (2000); *Día quinto* (2002); *Campo de amarte* (2006); *Escorial* (México, 2007); *Contraluz* (2010). Antologías: Chile, Hispanoamérica, España, Francia, Alemania, Suecia y EE. UU. Traducciones: inglés, francés, portugués, alemán, sueco e italiano.

Juan Felipe Robledo
(Colombia)

PASTO RECIÉN CORTADO

Y EL DÍA *se hunde en el fulgor del día,*
el infinito desea abrazar este instante,
las primeras lluvias han bendecido el verde airoso de este prado
y la mañana ha reinado —altiva doncella—
para no ser olvidada.

El quieto dormir de las cuatro de la tarde
es una tela basta que debemos recorrer con dedos torpes,
pero el lejano son que acompañó a los cosacos y filibusteros,
                                      [coraceros
      y cuestores
no nos dejará perder el rumbo.

A pesar de los pesares,
un gusanito tierno que pasea por los dedos
nos ha escogido entre todas las almas del mundo,
y celebra sin dudar el alto vuelo del sol.

NUBES

FORMARON cabezas de caballos,
fueron ijares y escudos,
una piedra que nos mira desde el fondo de un pozo.

Siguieron un camino trazado mucho antes,
en una época en la que todo se decidía en un billar.

La iglesia gris que vio pasar estudiantes confusos sigue vacía,
nunca sonó la campana en ella.

El atento salmodiar de los vendedores de pizza
no ha molestado el lejano rumbo de las nubes.

Pero nuestro corazón no cede.

El curso de la eternidad se dirimió en esta oscura barraca,
y así como arriba, abajo el día es de los navegantes que el
                                        [cielo respetan,
y, de vez en cuando, miran otra cosa, una lejana.

ACCIÓN DE GRACIAS

A mamá

LAS MUJERES nos salvan
de tedio inmenso
y plateado mundo,
llenándonos de fortaleza
y, en las estancias de la infancia,
oscuras y vibrantes y plenas,
donde hay lámparas por mantas cubiertas,
hacen que detengamos el paso
y nuestro pensamiento vuela
o, mejor, se detiene y fractura
para empezar a vivir en el plexo,
la piel y las uñas.
Nos fijamos en las uñas, ¡aleluya!
y contemplamos el azul sin pausa,
el océano es nuestro alimento
—cuna del tiempo—.
Presentimos distantes lugares
donde la historia es la misma

y no hay moraleja.
En cafés y calles y plazas y teatros
descubrimos el sonido de la risa y, dichosos,
nada aguardamos y somos plácidos y la fuerza nos habita.

LUNES

A la memoria de Jaime Sabines

HOMBRES que se miran con desconfianza en la calle,
buscando afanosamente en periódicos la dirección
de la casa de citas más próxima, para tropezar, acezantes,
al llegar a ella con minutos de diferencia.
Un barrio en el cual podría vivir cualquier pensionado
que se deleita con recuerdos de Gardel.
El ardoroso sonido de una película pornográfica
en un aparato de televisión que parece una tostadora.
La lectura del horóscopo con una muchacha que pide no
                                        [ser besada en la boca.
Alegría turbia que se va quedando en los dedos.
Elementos de la conflagración, del olvidado acento en medio.
Pues nada que merezca algún homenaje es llave que permita
el ingreso al caletre del burilador de infinitos.

Juan Felipe Robledo (Medellín, 1968). Poeta y catedrático universitario. Autor de más de 10 libros. Ha publicado antologías de la obra poética de Francisco de Quevedo, Luis de Góngora, del Romancero español y Rubén Darío y artículos sobre poesía y narrativa. Premios recibidos: Internacional de Poesía Jaime Sabines (1999) y Nacional de Poesía del Ministerio de Cultura de Colombia (2003).

Juan Manuel Roca
(Colombia)

POÉTICA

Tras escribir en el papel la palabra coyote
Hay que vigilar que ese vocablo carnicero
No se apodere de la página,
Que no logre esconderse
Detrás de la palabra jacaranda
A esperar a que pase la palabra liebre y destrozarla.
Para evitarlo,
Para dar voces de alerta
Al momento en que el coyote
Prepara con sigilo su emboscada,
Algunos viejos maestros
Que conocen los conjuros del lenguaje
Aconsejan trazar la palabra cerilla,
Rastrillarla en la palabra piedra
Y prender la palabra hoguera
                    para alejarlo.
No hay coyote ni chacal, no hay hiena ni jaguar,
No hay puma ni lobo que no huyan
Cuando el fuego conversa con el aire.

PREGUNTAS
ANTE UN BUSTO DEL REVERENDO
CHARLES LUTWIDGE DOGDSON,
ALIAS LEWIS CARROLL

¿Qué puede hacer un descreído de sí
Que se aburre en el tiempo victoriano
De las puertas clandestinas y cerradas?

¿Cambiarse de nombre,
Dejar de llamarse Reverendo Dogdson
Y reinventar el mundo?
¿Vivir confinado en el sueño
Más a gusto que en una armadura de bronce?
¿Qué puede hacer un buen señor
Crecido en la doctrina de los buenos modales
Al escuchar a la reina de corazones
Vociferando a diestra y a siniestra:
¡Córtenle la cabeza, córtenle la cabeza!
Pues todo lo que tenga cabeza
Puede ser decapitado? ¿Qué puede hacer?
¿Retratar niñas raptadas al futuro
Y a una impostergable soledad?
Reverendo Dogdson:
La vida, ¿una merienda de locos?
¿Un sombrerero que cree
Que todas son las horas del té?
¿Un croquet de obedientes cortesanos
Cuyos mazos son pájaros flamencos?
¿Un juicio de pesadilla
En el trono de una reina de corazones?
¿La boca oscura de alguna madriguera?
¿El paso de las lunas del tiempo,
De acosados conejos pendientes
De las flechas rotas de un reloj?
¿Una pluma al aire
De las maquinaciones de la noche y el azar?
¿Lo subterráneo que aflora irremediable
Sobre la fría piel de los espejos?
¿La creación de un Dios que sabe que la ley
Es mermelada ayer, mermelada mañana
Pero nunca mermelada hoy?
¿Una corte de naipes en un reino sin razón?
¿Una estatua que desaparece

En la niebla de la ciudad
Como un gato en el aire?
Reverendo Dogdson,
No resulta imperativo que responda.

LAS MANOS DE ORLAC

(Reflexiones en un concierto de piano)

UNA VIEJA película del cine negro narra la historia de Orlac.
Tras su ejecución, a Stephen Orlac, lanzacuchillos de circo y
[asesino,
Le amputan las manos y las trasplantan a un pianista
Que ha perdido las suyas en un tren descarrilado.
Las manos se niegan a obedecer al nuevo cuerpo,
Deciden moverse a su antojo y recobrar su instinto criminal.
En lugar de volcarse sobre el teclado del piano, buscan
[cuellos que apretar.
El pianista de esta noche sin duda ha recibido en comodato
Las manos de Orlac. Escuchen cómo asesina la música de Bach.

Juan Manuel Roca (Medellín, 1946). Autor de *La farmacia del ángel,
Biblia de pobres* y *Temporada de estatuas*, entre otros libros. Algunas de
las distinciones que ha obtenido son: Premio de Periodismo Simón
Bolívar (Bogotá 1993), Premio Nacional de Cuento Universidad de
Antioquia (Medellín, 2000), Premio de Poesía José Lezama Lima
por reconocimiento (La Habana, 2007), Poetas del Mundo Latino
Víctor Sandoval (México, 2007), Casa de América de Poesía Americana (Madrid, 2009), Premio Estado Crítico al mejor libro de poemas publicado en España en 2009 a *Biblia de Pobres*.

Norberto Salinas
(Costa Rica)

I

Mi corazón está brotando
flores en mitad de la noche
Canto del Atamalcualoyan

NO SE PUEDE inventar la magia si no hay una mujer esta noche
Desde el balcón llueve y algo como un tambor antiguo
—concierto de ternura— estila y no escampa en mis dedos
Podrían brillar de nuevo esta noche unos ojos
No quiero otro sitio sino mi ciudad que me castiga

Percibo como nunca los techos oxidados
Reclamo los ríos en este valle
Llego a cualquier parte
Pongo mi corazón sobre la mesa del bar
Saco un pedazo del alma náhuatl:
en mitad de la noche está brotando flores

Uno a uno arrancaron los robles y hasta las flores amarillas
Sobre ellas chorrearon la acera donde me niego a caminar

Entre este ron barato y la mujer que no está hay un
                                    [asesinato de tranvías
Una ocarina sublevándose
algo como Ejército Expedicionario Defensor de la Soberanía

Yo conocí el amor en una trinchera
Recorrí la plaza del triunfo
La calle atestada de banderas
los aviones con las insignias rotas del dictador

Llevo la frente llena de mis hermanos más queridos
Aprendí el rito como los antiguos hombres

hacían el amor con las manos llenas de cordilleras
Qué me importa si no entienden
los que no son capaces de abrirse el pecho

Desde la hoguera del Sukia que oficia a Sibú Surán
unos ojos escampan mi desamparo:
¡Qué no daría por esas pupilas meciéndose en la niebla!
Soy un hijo irreverente de mi ciudad y saco a bailar la vida

Suena tu vieja pianola que ya salí a encontrarte
No existen los esquemas
Allá están las montañas
Cuántos bufones mandaron a derrumbarnos
sus nombres no valen un poema pero mira la noche inmensa

No hay otra luna más bella
¿Y cómo va a ser que no haya una mujer a mi lado esta noche
si puedo sostener la esperanza en la boca misma del infierno?

EL ÚLTIMO CORTEZA AMARILLA IMPERIAL

CON MACHETE hicimos el trillo hasta llegar junto al dios nativo de cuarenta metros. No hace mucho inundaba la selva de campanas doradas Por la noche llovió en Dos Ríos de Upala como un tren conducido por un niño. Aún contemplaba desde el corredor la montaña cuando el estruendo. Tiempo después caminé su enorme lomo desnudo. Bajo el sol de setiembre siete retoños se levantaban.

NOTICIAS DE LA SELVA II

EN EL SACO del cazador los pequeños tucanes
Los rostros pelones y ciegos
Sus nidos   al pie del surá

Como los niños que duermen en aceras
y sueñan que el mundo tiene corazón

son unos temblores
solísimos.

MÓNICA

ALGUIEN te trajo flor de selva
con ojos más grandes que la tarde
para enseñarnos aún sin palabras los colores que inventas

Regreso y me abrazas como si fueras mi parte buena
Te deslizas tras mis pasos a mostrarme tu osito blanco

Corres —todo lo descubres—
El pez que escapó de tu hermano se esconde tras el dibujo
                                                    [y nos mira

Cuando debía partir tus ojos me lanzan serpentinas
y mi hombro recibe tus manitas

Te levantas silenciosa en lo oscuro junto al café y entre
                                               [rizos dorados
para ser más importante que todas mis derrotas.

Norberto Salinas Ollé (Costa Rica, 1957). Estudió filología. Integró la Brigada Leonel Rugama en la guerra de Liberación de Nicaragua. Miembro del Taller de los Lunes. Ha escrito los poemarios *Luna en Bebedero*, *Mascarón de proa* y *Tensas aguas*. Director del Festival de Poesía de Costa Rica, lo mismo que los talleres en las cárceles de su país.

Lina de Feria
(Cuba)

POEMA A GALA

ENTRÉ en una compuerta densa.
salté de nuevo a la zona intocable de mi vida
cuando vi la perfección ante mi reja actual
con otro cuerpo tal vez más delicado
pero esta vez sin acordeón
sin abrigo de Berna
para mis inviernos crudos inventados
sin el Diario de nácar con llavecita misteriosa
que me trajo de Guatemala
para escribir mis raros secretos de niña problema.
hoy entré de nuevo en una compuerta densa. única.
YOU LIVE ONLY TWICE.
Salvador Dalí parece que no entrara
pero también entró
cuánta palacio de Cadaqués
frente a la maravilla de mis pupilas dilatadas
y medio ciegas por el deslumbramiento.
y he aquí que fue Salvador Dalí
el más mutable ficcionador de Gala
quien me lo dijo al oído:
nadie puede pintar a Dante en el Infierno
si no lo lleva dentro.
no tiene que ver con las ideas de una época.
no es ni siquiera una Suma
el puente entre el medioevo y el renacimiento.
deja eso a los teóricos que son siempre
al menos sospechosos de alguna frustración.
hay que llevarlo dentro.
digo que en infierno hay que llevarlo dentro

y luego proyectarlo a cualquier hora así
dentro de un huevo con un ojo cascado
o como me pasa a mí
cuando entro en una compuerta densa
no con Virgilio y su arpa
sino del brazo de Segismundo Freud
apagado ya huesito neutro.
ya que Emilio se preguntaba:
"pero el amor cómo diré que sea?
lo supe alguna vez? lo habré olvidado?"
yo reconozco
sin desprenderme del huesito neutro de los dos Segismundos
que creo que el amor es esta compuerta densa
cuyo pasillo resbaladizo
me conduce a la desesperación y a la calma intermitentes
dependiendo del momento en que esté observando
la completa ficción de lo que me conmueve.
al menos sé que no es mi propia imagen en el espejo.
al menos estoy segura de que los demás existen
y que se debaten en la vida dramáticamente
como también se debatió y vivió lleno de equívocos Emmanuel
[Kant
y ya por último al menos sé que no se trata
de la confirmación de uno con el otro
ni mucho menos del terror
de aquel poeta que no quiso llegar a Paris
porque hubiera significado
perder su idea inventada de la belleza
(terrible indefensión como una huida a Egipto).
más bien yo creo que el amor
es el contagio de una mirada única
el aspecto desconcertante superior e íntimo
del inquisitivo poder de esa mirada
(fuera de todo hábito y seguridad)
puesto que es precisamente esa mirada

o el amor
lo que sostiene la regularidad de la existencia
a la vez que esta energía
y lo que sostiene la regularidad de los suicidios.
si el amor
es toda puerta de entrada o de salida
es también la compuerta densa e infernal
y casi hipnótica que me esperaba
tras esos ojos balándricos
casi errados e ingenuos y completamente absurdos
del misterio que arribó y arribó en gigantesca escala
como vorágines del caos
como la sustancia del vértigo
como el curare en la flechita de la cerbatana
paralizándolo todo
pero ya para mi desgracia y mi existencia
esencialmente inevitables.

(De El libro de los equívocos)

Lina de Feria (Cuba, 1945). Licenciada en Filología. Entre sus 16 títulos: *Casa que no existía* (1968); *A mansalva de los años* (Habana1990. México, 2005); *El ojo milenario* (1995. París, 2000); *El libro de los equívocos* (1999); *Antología boreal* (2007); *De los fuegos concéntricos* (2009); *Ante la pérdida del safari a la jungla* (Premio Nacional Nicolás Guillén 2008).

Waldo Leyva
(Cuba)

DEFINITIVAMENTE JUEVES

QUIERO que el veintiuno de agosto
del año dos mil diez
a las seis de la tarde como es hoy
pases desnuda atravesando el cuarto
y preguntes por mí.
Si estoy pregunta, y si no existo,
o si me he extraviado en algún lugar de la casa,
de la ciudad, del mundo,
pregunta igual, alguien responderá.
El primero de enero del año dos mil uno será lunes
pero el veintiuno de agosto de la fecha indicada
tiene que ser definitivamente jueves
y el calor, como hoy, agotará las ganas de vivir.
las calles serán las mismas para entonces,
los flamboyanes de efe y trece seguirán floreciendo,
muchos amigos no estarán
y el tiempo habrá pasado por la historia de la casa,
de la ciudad, de mi país, del mundo.
Quiero que el veintiuno de agosto, al despertar,
prepares la piel
el corazón
las ganas de vivir.

LA PARTE INVISIBLE DE LA FOTO

DESDE su vieja silla bajo el sol
mi padre dialoga en silencio
con parientes y amigos
ajenos para mí.

Nada significan los rostros o los nombres.

A sus noventa años soy un desconocido
que le acaricia el hombro, que lo peina
e intenta hacerle recordar viejas historias
donde él fue protagonista —algo que siempre detestó
porque este Celestino que ve correr al nieto más pequeño
disfrutó como nadie ser la parte invisible de la foto.

Miro su rostro que será el mío de mañana
si el tiempo y la historia de estos años
resultan benévolos conmigo.

No recuerdo una caricia suya
pero puedo asegurar
que nadie fue más tierno
en los días perdidos de mi infancia.

LAS HORTENSIAS AZULES

Tú ACASO no lo sepas, Isolda; las hortensias azules junto a tu puerta, tenían que ver con el último gesto de John Lennon, ese modo irrepetible de mirar a la cámara que sólo poseen los que saben que detrás de la lente está el vacío y no la muchedumbre. Yo busqué en el espejo muchas veces, pero es imposible, el secreto temblor se entrega solamente cuando el cristal no reproduce el rostro.

Tú acaso no lo sepas, Isolda; las hortensias azules junto a tu puerta, no fueron un mensaje de amor, ni ocultas claves para la memoria. Ya no estoy, y eso lo sabes, pero también las hortensias se murieron y nada tiene que ver con sus pétalos el azul que descubrimos aquella tarde en un rincón del cielo.

Tú acaso no lo sepas, Isolda; las hortensias azules de que hablaba el poema, no existieron, aunque sí el gesto de John Lennon, y el vacío oculto tras la lente, y el azul que descubrí

yo solo mientras dejaba, junto a tu puerta, un mensaje de amor
contra el olvido.

ASONANCIA DEL TIEMPO

Si ya no estoy cuando resulte todo,
cuando el tiempo en que vivo ya no exista,
cuando otros se pregunten si la vida
es el triunfo del hombre, o es tan sólo

un perenne comienzo, un grito sordo,
un rasguño en la piedra, la porfía
inútil del abismo, pues la cima
puede llamarse altura porque hay fondo.

Cuando todo resulte, sólo quiero
que alguien recuerde que al fuego puse
mi corazón, el único que tuve,

que yo también fui un "hombre de mi tiempo",
que dudé, que confié, que tuve miedo,
y defendí mi sueño cuanto pude.

Waldo Leyva (Cuba, 1943). Más de 15 libros publicados y tres CD
con sus poemas. Traducido al inglés, alemán, francés, ruso, portugués, italiano, rumano, húngaro, serbocroata, polaco, búlgaro, árabe
y otras lenguas. Fue presidente de la Asociación de Escritores de
Cuba, director del Centro Juan Marinello, director del Centro Iberoamericano de la Décima y presidente de la Asociación Iberoame-
ricana de la Décima. Actualmente, Consejero Cultural de la Emba-
jada de Cuba en México.

César López
(Cuba)

LOS POETAS MENORES se abanican con gracia
en las terrazas cálidas de balnearios de moda;
Como han viajado mucho conocen los lugares más remotos,
Más bellos. Más exóticos y más inexistentes
(a alguno, además de todos los viajes, le fue otorgada
una taberna en el sur de Italia),
y ostentan múltiples cintas y condecoraciones
y la obligada referencia en cualquier momento,
oportuno o no, cual leve sobresalto sin permiso,
modelo y paradigma impuesto en las esquinas,
las escuelas, estatuas y los encontronazos.

¿Pero existen acaso otros,
diferentes a esos que llamamos los poetas menores?

Por fortuna, ya que en su soledad resultarían espantosos
Y ni siquiera llegan a reflejarse en los espejos premiados
y mucho menos a lograr que lánguidas muchachas
suspiren entornando los ojos
ni que se cumpla el rito masturbatorio
de los jóvenes aprendices de bardos equívocamente viriles.
En cada antología hay un poeta menor
(Por suerte o desatino)
para que Jorge Luis Borges le dedique un poema reflexivo
repleto de cultura y de paradójica admiración
o para que el retórico de turno
deposite en su frente el beso de la patria.

Pobre ronda de bellas tradiciones
Que adornan con fanfarrias los augustos retratos,
Con estilos diversos y las modas y embullos

De los años y épocas guardados torpemente. Tintineo de
[soberbia,
Nostalgia y corazoncito de zarzuela y crónica provinciana.
Ayer se van a repartir los premios de mañana
Y la bella e inspirada ganadora, todavía joven,
Recibirá un bombón envenenado,
Sus ojos se nublarán con lágrimas discretas
Al tiempo que los sabios de la esquina
Emiten sus criterios y aprovechan la oportunidad
Para rozar sus miembros a las trémulas carnes que se escurren
Cuando todos a una reconocen
"no saber a dónde vamos ni de dónde venimos".
Simpática, plateada y argentina (por las canas, naturalmente)
dictamina sentada en una tina repleta
de helénicos caldos y de brujas danzantes,
La crítica académica adornada
de rezagos lejanos y reminiscentes;
alguien pide o suplica escuchar un bolero
(de Ravel, desde luego), la canción de Rachel,
la muerte de Caín, la permanente
presencia de Abel, resurrecto en el dorso
de cualquier calendario,
un poquito de oculto mestizaje,
teorías traducidas malamente, el andrógino,
lo crudo lo tibio, lo gastado, lo distinto o distante.
La gentil y la bella, el siete machos.

¡Descífrense las claves y aparecerá una lista
de poetas menores, pues ya es sabido
que no existen otros! ¡No hay poetas mayores!
Sólo queda la poesía, los torturadores,
los terroristas y los tontos...
Si acaso algún poema memorable.

La Habana. 23 de octubre del 2003

CEREMONIA LXXXVII

A mi amiga Margarita Castillo

—*M*ARGARITA, *está linda la mar,*
y el viento...

La mar, el viento, y toda la parafernalia delicada
    del buen Darío,
pueden servir para contar un cuento.
¿Y lo demás, y tantas cosas?
¿Está linda, por ejemplo, la época,
la vida, la historia que nos mueve?,
¿el mismo viento que arrastra la amargura,
y se vuelve amenaza o prisión;
acecha un cielo constelado de aviones
    bombarderos,
estruja el cuerpo hasta desintegrarlo?
Es mejor no seguir, no, Margarita;
terminar con el juego, o, por lo menos,
hacerlo limpio, erguido, diferente;
y entonces olvidar

al que un día te quiso contar
un cuento.

César López (Santiago de Cuba, 25 de diciembre de 1933). Estudió Medicina y Filosofía y Letras en las universidades de La Habana, Central de Madrid y Salamanca. Su obra ha sido traducida a más de doce idiomas. Fundador de la UNEAC. Miembro de número de la Academia Cubana de La Lengua y Correspondiente de la Real Academia Española de La Lengua. Premios: OCNOS (Barcelona), De la crítica (Cuba), Rafael Alberti (Cuba-Andalucía), Nacional de Literatura (Cuba 1999).

Edwin Madrid
(Ecuador)

REALMENTE ERA INSOPORTABLE

YO TAMBIÉN tuve una muchacha rubia que estaba loca por mí. Cuando empezó a asumir el papel de esposa perfecta huí como un potro que regresa a las praderas salvajes.

Cansada de esperarme con la mesa servida a media luz, se casó y comenzó su vida escandalosa. Daba vergüenza mirarla irrumpir entre mis amigos. Se sentaba en las piernas de cualquiera y me insultaba. Tenía que tomarla del brazo y conducirla a su casa.

Un día apareció en el bar con los ojos desvaídos y los labios húmedos como las mujeres rubias de las películas. Sacó de su cartera un revólver y me disparó. Caí destrozado el corazón.

Desde entonces no la he vuelto a ver.

LA MUJER QUE VA A MI LADO

CASI NUNCA he logrado mantener la calma con una mujer bonita. Me he puesto a saltar como una cabra vieja o he roto en ataques de celos que rápidamente las alejaron de mi lecho.

La última se preocupaba por mí. Me hacía mimos y estaba convencida, firmemente, que soy uno de los mejores poetas de estas tierras agrestes. Mas yo, en vez de valorar sus sentimientos, me paraba en mitad de la vía y gritaba: *¡Vivan las mujeres azules!* Y es que una mujer bonita es fiesta todos los días. Pero ya ven que no he tenido suerte y hoy mismo camino de arriba abajo del brazo de una fea.

POSTAL URBANA DE QUITO CON YO EN EL FONDO

Montañas irrumpiendo el cielo de la noche, calles locas que suben y bajan, campanarios, más campanarios, autos que patinan al doblar la esquina, jóvenes que se dirigen a las discotecas pateando latas de cerveza, parejas que se besan mientras los semáforos cambian. Música fugándose entre las piernas de una minifalda y los tacones obscenos de un muchacho que da los primeros pasos en su verdadero mundo. Niñas de fantasía perdiéndose sobre el rechinar de las motos.

Y allí voy yo, casi sin poder pararme, abrazado de una mujer que como bandera me agita por bares y hoteluchos.

SE HABLA ESPAÑOL

Mi mujer
es loca,
loquísima, no se anda por las ramas.
Va directo por media vía del árbol;
y nunca se detiene a mirar el bosque
devastado que deja a su paso.
Pero también es una preciosa
que me mata de risa,
cuando se pasea por el dormitorio
hablándome en argentino:
Che, no seas pelotudo, fíjate en la mina que tenés,
o en mexicano: Órale güey, que no estaré aquí para
acompañarte toda tu pinche vida.
Preciosa, linda, bella mi mujer;
sacando su personaje español:
Joder tío joder, que no te das cuenta de la moza que tenés alao.
Yo me río de su recorrido por la lengua chilena, brasileña.

Mi mujer: *fuckiu condenado Edwin, te sacaste la lotería.*
Y es verdad.

(Poemas tomados del libro: *Mordiendo el frío y otros poemas*)

Edwin Madrid (Quito, Ecuador, 1961). Poeta, ensayista y editor. Premio Casa de América de Poesía Americana, España, 2004. Lleva publicados varios libros de poesía entre los que se cuentan: *La búsqueda incesante* (México, 2006), *Lactitud cero°* (Colombia, 2005), *Mordiendo el frío* (España, 2004). Dirige los Talleres Literarios de la Facultad Latinoamericana de Ciencias Sociales (FLACSO) sede Ecuador.

Otoniel Guevara
(El Salvador)

DEFENSA PROPIA

para Arquímides Cruz, en el recuerdo.

UN HOMBRE me amenaza con un arma
Yo lo amenazo con una piscucha

El a lo sumo logrará matarme

Yo
en cambio
podría hacerlo feliz

POETA MALDITO

CASI PIERDO los ojos
    al mirarte desnuda

Pero casi los pierdo definitivamente
    cuando dejé de verte

NACIONALIDAD

MI PAÍS es el mar
que envenena a sus peces con espuma.

Mi país es el cielo
donde la muerte es gris y acuosa y fría.

Mi país es la tierra
con un bosque de cruz y calavera.

Mi país es montaña
que en lodo y sangre oficia su derrumbe.

Mi país es extraño
pero simple:
Se llama El Salvador y usted dirá.

NOSOTROS TAMBIÉN TENEMOS NUESTROS MUERTOS

Amílcar va y viene tratando de encontrar la solución para
                                        [este día oscuro.
Claudia María se acerca a mí y toma mi tendón herido,
lo abarca dulcemente y sonríe:
sabe que su gesto amortigua los espasmos del dolor.
Arquímides tiene sobre la mesa una guitarrita llena de agujeros,
llena de balazos.
Amílcar finalmente se saca un abrazo del corazón y me dice:
                                          [para Marcela.
Yo le pido su camisa rota y sucia y salgo a la calle con ella.
Salgo a la calle con mi pierna rota
y con la guitarra llena de agujeros.
Salgo a la calle y me abrazan las madres con siglos de espera
y se me suman los perros en mi vagabundear
y hasta las palomas un día desconfiadas de bajar a la tierra
por fin caminan a mi lado.

¿Quiere usted estar una hora en el corazón de la madre de
                                          [Quime?
¿Quién se ofrece a ser el hijo de una fotografía?
¿Quiénes nos acompañan a buscar una tumba,

dos,
tres,
ocho mil agujeros?

¿Hay alguien entre ustedes que cante para ellos?

Para José Antonio Domínguez, compañero en esta travesía de orfandad.

APUNTE

I
Soy yo,
el que apenas escribe con media alma.
No sé
si acaso fue mi nombre quien me trajo
a este mundo colmado de veletas,
a este incendio borrado de las manos.

II
¿Quién soy?
¿Acaso el que rumora atardeceres?
¿Qué sé,
si ni mi nombre sabe ya la muerte?

Quisiera ser un dios sin adjetivos.
Quisiera ser un perro entre la gente.

Otoniel Guevara (Opico, La Libertad, El Salvador. 1967). Poeta, periodista cultural, publicista, editor y gestor cultural. Su poesía ha sido traducida a ocho idiomas, publicada en 20 títulos individuales y decenas de publicaciones en revistas, periódicos, antologías, muestras y medios electrónicos de América y Europa. Ha participado en eventos literarios en 16 países. Más de 20 premios literarios.

Aida Toledo
(Guatemala)

NO TENGO PALABRAS

No TENGO la frase perfecta
No estoy en el tiempo adecuado
Llegué tarde a la vida de mi hija
Llegué tarde a tu vida
De nuevo
Las palabras sobran
Las miradas exceden
Los límites de la castidad
En mi delirio
Recuerdo tus ojos
Ahita de locura
Suelo oír tu voz
Imagino tu lengua
Lamiéndome
Húmeda   salivosa
En este instante de estrellas

BORGIANA

Dudo
Si sueño
O
Imagino
Dudo
Si escribo
O

Leo
Dudo
Si soy yo
O
Únicamente
Soy
El producto
Imaginado
De una escritora
Que aburrida
En el sur de usa
Crea un personaje
Que no sabe
Si sueña
O
Escribe
O
Existe

EL VACÍO EN EL SUEÑO A VECES ES PIEDRA

EL BRILLO es luz inexplicable
Hay un olor irreconocible
                    besos en la oscuridad
Juegos de la memoria
Signos para descifrar cuando despiertas
Iluminaciones
Jeroglíficos de inexplicable rareza
Un sol intermitente
Una voz conocida que repite tu nombre
Sonidos desubicados
Gestos perdidos en el tiempo

NO TENGO NADA QUE OFRECERTE

Una vida muy usada
Un cuerpo fláccido
Un cabello entrecano
Un corazón desgastado
Una memoria de pájaro

No tengo nada que ofrecerte
No tengo nada para darte
No tengo ni siquiera una auténtica pasión
Para brindarte

Sólo
rimas cavernosas
líneas despobladas
palabras huecas
señales

O quizás
lágrimas
única dote

(Poemas tomados de *Un hoy que parece estatua* - 2010)

Aida Toledo nació en Guatemala. Poeta, narradora y ensayista. Graduada en 1989 en la USAC. Hizo una maestría (1997) y un doctorado (2001) en Pittsburgh. Ha ganado tres premios importantes: Certamen Permanente 15 de Septiembre en 1992; Premio Único de Poesía de los Juegos Hispanoamericanos de Quetzaltenango, Guatemala 2003 y Premio Único de Cuento en Juegos Florales Hispanoamericanos en 2010.

Marco Tulio Del Arca
(Honduras)

UN GUERRILLERO ES UNA MONTAÑA

ME PARECE increíble
que sobre sus espaldas
habite la luna
y grite un fusil.
           Pero es cierto.
Un guerrillero es una montaña,
una catedral con altares de sed,
de huesos
y de sueños
Un guerrillero
es una edad
que avanza encima de las balas
entre la piel del río
y bajo el iris de la noche.
Un guerrillero
es un camino
de sangre
en medio de la selva.
Un guerrillero es un pájaro
que se desvela junto al oído del árbol
y en el sueño de la piedra.
Es un ser
con los besos más dulces
que la miel.
Un guerrillero es una mochila
donde también caben
la respiración
de un cielo
y las guitarras del amor.

Un guerrillero es otro Dios
con una estrella en la frente.

CANCIÓN DEL MEDIODÍA

A Bob Marly
le gustaba el futbol,
la música
y algunos dicen
que también las drogas,
eso no me consta ni me interesa.

Otros
aseguran
que un cáncer lo mató,
              eso sí me duele.

La verdad se diluye frente al mar
que ahora lo ve
sobre la paz
de una estatua.

Pero sin duda alguna puedo afirmar
que en la mitad de su guitarra
siempre habitará un sol
y el corazón de su País.

Bob Marly
fue el sonido
y la luz de Jamaica,
murió con un cielo en la voz.

ECOS DE UNA VERDAD ANTIGUA

LA DEBILIDAD
        de Aquiles
no era su talón,
        ahora
se ha comprobado
        y no hay duda,
el amor
fue el talón de Aquiles.

PEQUEÑA DEFINICIÓN

GUERRA
paloma deshecha
en el pecho de un ángel

puñal repetido en la piel de un niño

Guerra
golpe del metal
en los ojos de Dios.

Marco Tulio Del Arca (Honduras, 1947). Estudió Letras en la Universidad Autónoma de Honduras. Ha publicado cinco libros y tiene más de seis inéditos; está en prensa su libro *En los muros del sueño*. Premio de Poesía Clementina Suárez dos años consecutivos. Fundador del Grupo Literario "Manos Abiertas", de la Habana. Integrante y cofundador de varios grupos culturales en Honduras.

Roberto Arizmendi
(México)

COTIDIANEIDADES

Este día fue como cualquier otro.
Atendimos asuntos cotidianos
el documento de trabajo, la sartén sucia en la cocina,
los correos electrónicos que acumulan mensaje en sus buzones,
la ropa sucia o el polvo en la recámara,
la luz radiante entrando a través de las ventanas
o la lluvia pertinaz, persistente, sobre la ciudad,
el recibo de la luz que debe pagarse,
la algarabía de los niños en el patio,
la luz de asombro, a media tarde, que te anuncia…

Pero no pudimos sacudirnos las cosas esenciales:
tu recorrido desnuda por la casa,
tus ojos devorando todo para no olvidarlo
el sabor de los nuevos tiempos o
el recuerdo vivificante que te anuncia.

Pero sucede que nada tiene sentido
sino cuando puedo tocar la ropa que dejaste sobre la cama
o cuando el recuerdo me lleva hasta las sombras de la dicha
en esos momentos en que descubrí tu pequeña marca en la
                                        [espalda
o tu sonrisa que ilumina el espacio aún en medio de la noche
y me sumo en el sueño que te anuncia.

Resulta que todo te perfila
y en medio del recibo o del sartén o de la ropa o del recuerdo
apareces en medio de la nota formal que nos desangra
como una imagen que te invoca

y que te anuncia
para no ausentarte ya más de mis espacios.

ESCULPIMOS EL HUMO

Esculpimos el humo
y le damos la forma del deseo.
Juego a que mis dedos te perfilan
y a iluminar tu interior con mis colores.

DESPEDIDA

Cuando alguna vez no llegue a casa
no podrás soportarlo.

Si alguna vez no llego,
puedes estar segura
que decidí amar
hasta la libertad
o hasta la muerte.

NO ME QUITES MI TRISTEZA

Si se me junta un día
toda la tristeza de repente,
no me la quites de encima.
Compártela conmigo.

UN SAMBA DE SAUDADE

Para Rosy, Nayeli y Layín

Sɪ ʟᴀ ᴠɪᴅᴀ se acaba
no hagan caso.
Si una mañana no estoy
aquí ya más,
acomoden mis cosas,
resérvenles lugar
y denle acomodo al corazón
de nueva cuenta.
Si un día no puedo compartir
comida y tiempo
dividan en tres la nueva vida
y una vez cada cinco años, diez,
alguna vez,
cosechen una flor
y hagan un *samba*
sin dolor
sin llanto,
que ahí estaré bailando y cantando
con ustedes.

Roberto Arizmendi (Aguascalientes, 1945). Ha publicado 38 libros (26 de poesía, cinco epistolarios, dos de literatura testimonial y varios sobre educación). Sus poemas y escritos literarios han sido incluidos en más de 25 antologías, en diccionarios enciclopédicos y sitios de Internet. Participante en festivales internacionales de poesía de diferentes países. Consultor, profesor, investigador, rector y directivo en universidades y dependencias educativas.

Dana Gelinas
(México)

TERMINATOR

Arnold Schwarzenegger, antes austriaco,
se inflamó el corazón con esteroides
y pesas de gimnasio
emulando a los héroes modernos.

Y yo, lo confieso,
llegué a atiborrarme de burbujas de Coca-Cola
y palomitas de maíz,
mientras el gran Arnold, una estructura de titanio en vez
                                        [de huesos,
terminaba con estrellas y extras de Hollywood.

Además, lo confieso, me parece un buen comediante
en películas para niños de *kindergarden*.

Sin embargo, lo que más admiro de él,
lo que me hace reír,
—y en verdad reí hasta las lágrimas—,
fue ver la escena en que le confiesa un gran amor a su
                                        [esposa Kennedy
durante un homenaje público al actor:

Te amo, María, porque tienes la belleza de leyenda de los Kennedy.
Te amo porque cuidas a los niños mientras filmo.
Te amo, y beso tu mejilla para despedirme,
siempre que voy a las juntas del Partido Enemigo de los Kennedy.

Declaro que te amo, y que tengo una fortuna propia
gracias a los monstruos del espacio cibernético
y a mi risa musculosa.

Te amo, María,
mientras levanto el puño de Bush,
el presidente más poderoso de la Tierra,
enemigo tuyo, y también de tus hijos.

(de Los trajes nuevos del emperador)

DONALD BOY

Ciertos genios me dan envidia:
Trump, más que nadie,
el arcángel Trump frente al espejo.

No es fácil entrecerrar los ojos
(peinarse antes con gel)
y hacer un puchero con el labio superior
para decir, como un niño mimado:
"You are fired".

"¿Te importó más tu moral que tu trabajo?
So, you are fired (es decir, Yo soy el Ego).
No eres un verdadero líder".

Donald Trump escribe *best-sellers*
que aconsejan despedir a todos:

"Enciérralos juntos en un cuarto de hotel,
confunde sus cepillos de dientes,
reproduce en sus oídos uno de mis discos de superación
                                          [personal
mientras duermen,
y despertarás un subconsciente perdedor".
Cada vez que escucho a Donald decir *"You are fired"*,
son las mismas veces en que me siento incapaz de escribir
un solo verso
y entonces me siento absurdamente sola

frente a un niño-de-negocios de dos años
que menea la cabeza,
censurando esto o aquello que escribo.

(de Los trajes nuevos del emperador)

LÁPIDA PARA UNA MUJER LIBERADA

Como Diana, primero una flecha
al centro de un hombre;
como Penélope,
tejer la tela de araña;
caminar siempre un paso atrás,
como Eurídice;
salir del baño, como Afrodita;
leer de noche, como Minerva;
amar a una bestia, como Pasífae;
cultivar en exclusiva la tierra de tu casa,
como Gea;
predecir la infidelidad, como Casandra;
vengar al marido, como Hera;
memorizar uno a uno los rasgos de Narciso,
como Eco;
todo para morir en tu país
sin que te lapiden…

como a una extranjera.

(De: Bajo un cielo de cal)

Dana Gelinas (México, 1962): *Bajo un cielo de cal* (Tierra Adentro, 1991; Instituto Coahuilense de Cultura/Tierra Adentro, 2006), *Poliéster* (Premio Nacional de Poesía Tijuana, IMAC, 2004; Universidad Autónoma de Coahuila, 2009), *Altos Hornos* (Praxis, 2006), *Boxers* (Premio Nacional de Poesía Aguascalientes, Joaquín Mortiz, 2006), *Aves del paraíso* (El Celta Miserable, 2009) y *Los trajes nuevos del emperador* (en prensa).

Eduardo Langagne
(México)

DEFINICIONes

Ella está hecha a semejanza de las cosas que amo.
Se parece a la noche,
o mejor: a una noche sin ausencias.
Ella es exacta.
Cuando la noche escurre, su cuerpo se humedece.
Me permite trepar por mis temblores
y agitar su nombre desde la oscuridad.
Ella es irrepetible.
Nació en las piedras donde empieza mi desorden.

UN RAMO DE ROSAS

Una es la rosa que hirió a Rilke,
quisiera por ello escarmentarla,
pero no puedo,
le temo y me fascina,
me obsesiona la rosa
memorablemente enlazada a nuestras vidas.

Elegí alguna más
de entre las milagrosas rosas de Juan Diego
que la ilusión dibuja en un ayate.

Evocaré también las rosas que Di Maggio,
llevó durante siete lustros a la tumba de Marylin.
Una de ellas acompaña el ramo que te ofrezco;
no la tomé de Norma Jean,
tan solitaria y bella, desnuda y perfumada,

es una rosa traducida en la memoria,
testimonio de un amigo perdurable.

La rosa silenciosa que exhala tu perfume
la tomé de Cartola, pues la canta elegante.

Rosas,
algunas rosas para que luzcan en el sitio donde sueñas.
Rosas acaso sobre el piano
donde brotan melodías y aromas.
encima de la mesa donde lees, escribes y descubres.
Que su color te ilumine la memoria.

Es decidirse por la rosa nuevamente,
por su sabor dulzón y por su tacto.
Sumé la rosa blanca de Martí,
que también he deseado cultivar;
la rosa melancólica de Nicolás Guillén,
percutiendo su bongó y enamorando.

La rosa de Pellicer
en las manos de la noche
comparte algún secreto
con la nocturna rosa de Xavier Villaurrutia.

Aquí la rosa de la humana arquitectura de Sor Juana.

También tu rosa que aparece con la luna
y al pausar su llegada floreció en tu vientre.

Las rosas que te canto:
Rosa oscura del tiempo. Rosa clara
de la luz humedecida. Rosa
de los días inolvidables. Rosa
impasible del dolor. Rosa del mundo.

Rosa del amor.
Amorosas rosas sólo reunidas hoy.
Rosas anónimas,
sencillas, simples.
La rosa que no puedo tocar de Juan Ramón
se me marchita entre las manos.

La de Huidobro me sangra
cuando la intento florecer sobre el papel de espinas.

Rosas que son celebración para los días que vienen,
impacientes o tristes, oscuros o afligidos,
optimistas y a veces luminosos,
como el aroma de las rosas que te ofrezco en este ramo.

HE EMBLANQUECIDO MI PELO

HE EMBLANQUECIDO mi pelo
en busca de una virtud;
no perdí la juventud,
pues la invertí en ese anhelo.
Supe de amor y desvelo
al ver nacer a mis hijos,
mantuve los ojos fijos
para encontrar la belleza
y ha podido mi cabeza
descifrar sus acertijos.

Eduardo Langagne, 1952. Miembro del Sistema Nacional de Creadores de Arte, poeta y traductor. Premio de Poesía Aguascalientes, 1994. Obtuvo el Premio Casa de las Américas, de Cuba (1980). Sus libros más recientes: *Lo que pasó esto fue, poesía* y *Otra cebolla de cristal*, cuentos, 2009. Publicó en Brasil *Meu cavalinho vermelho*, para niños y en México la plaquette *Trenes*, 2010.

Álvaro Solís
(México)

LA ESPERA

Para Antoni Marí

Desde el fondo de la soledad y aún más de la desdicha,
si es dado que una ventana se abra, se puede, asomándose a ella,
ver, pues que andan lejos e intangibles, a los bienaventurados.
María Zambrano

SIEMPRE ESTAMOS solos, el mundo no existe allá afuera,
ni la apretujada multitud, ni los campos, ni los bosques,
ni las playas propicias para el sosiego.

Cuando asecha el sueño o la esperanza o el dolor,
estamos solos, nadie nos espera de vuelta,
nadie recuerda nuestros mejores momentos;
(nuestra fugaz parcela de felicidad.)

Cuando asecha el insomnio o la incumplida promesa o la fe,
cerramos los párpados como para dormir
y la memoria repasa con precisión los despojos del día,
porque estamos inquietos y reinicia la mañana en sus
                                        [vendimias ásperas,
su duermevela en todo lo que está al alcance
entre los sueños infantiles y la reumas de la vejez.

Cuando estamos en medio, miramos hacia atrás sin
                                        [remordimiento
el paso del recuerdo que no produce temor,
reconocemos el odio,
negamos abrir los ojos porque ha sido insuficiente la noche
y escuchamos el mundo que nos llama,
su ayuna indiferencia, *sus trajeadas prisas,*
los desocupados asientos de la fortuna que se han alejado
                                        [del todo
aunque sigamos tan solos, aunque sigamos tan solos,
aunque sigamos tan solos y solos y solos, como para morir.

EL AGUA Y LOS SUEÑOS

> *... Luego todas esas aguas calmas son de leche*
> *Y todo lo que se derrama en las blandas soledades de la mañana.*
> Saint-John Perse

SIEMPRE QUISO ser un pez.
Caían rayos y nadaba sin parar, se negaba al cansancio,
buscaba el rostro de mi abuela en las aguas del río que le vio
[nacer,
nadaba por horas y extrañas aletas se le emparejaban,
lo miraban como si fuera un pez
y mi padre dormía bajo el río, pero despertaba antes de
[ahogarse,
soñaba que un inmenso cuerpo de agua lo tomaba por el cuello,
lo sacudía una y otra vez,
entonces despertaba y seguía nadando contra la corriente,
siempre contra el río a quien nunca pudo vencer.

Mi padre, solo por el mundo de las idolatrías,
esperaba la vuelta de mi abuelo que se embarcaba en el Carmen
y se dormía al esperar,
soñaba que un inmenso cuerpo de agua,
que lo sacudía por el cuello,
lo injuriaba.
Y mi padre se despertaba entonces,
subía al mástil de los barcos,
se lanzaba al río
queriendo ser un pez que sabía volar,
nadaba por horas contra la corriente
hasta el cansancio, hasta el sueño
donde un inmenso cuerpo de agua lo sacudía por el cuello
y le cantaba las canciones que mi abuela no pudo.

Mi padre pasaba horas enteras sentado en las bancas del parque
creyendo que Dios era una mierda,

se quedaba dormido y sudaba las aguas del aire,
soñaba que un inmenso cuerpo de agua lo abrazaba de pronto
con cariño maternal,
y se reconocía en el sueño, sin querer despertarse
recordaba los bailes alrededor de mi abuela
y nadando de frío por las calles silenciosas de la ciudad,
se emparejaba a furibundas aletas describiendo diminutas
[eses en el agua.

Mi padre encontró la felicidad en el nado,
en la imagen femenina del agua, diría por esos mismos años
[Gaston Bachelard,
quien trabajaba en lo mismo,
quien soñaba con inmensos cuerpos de agua que lo tomaban
por el cuello queriéndolo injuriar,
y muy temprano con el canto de las aves, mi padre y Gaston
salían a las rutas que el servicio postal les asignaba,
repartían las cartas mientras ambos pensaban en el agua,
en los sueños femeninos, en la imagen ausente de la madre
y nadaban,
uno por el agua de los sueños,
mi padre contra el agua lunar.

Álvaro Solís (Tabasco 1974). Autor de seis libros de poesía y coautor de dos antologías de poesía mexicana contemporánea. Premios: Tabasco de Poesía José Carlos Becerra, Nacional de Poesía Amado Nervo, Clemencia Isaura de Poesía, Nacional de Poesía Joven Gutierre de Cetina. Fue becario de la Fundación para las Letras Mexicanas y del Fondo Nacional para la Cultura y las Artes.

Minerva Margarita Villarreal
(México)

No TENGO a quien hablar
El silencio pesa   cruje
El silencio piensa
Entonces hablaré contigo
Tú   que eres el ser más remoto
mi dulce vacío
ven   preséntate
aunque no te vea
así la forma sea negada para ti
para mis ojos de ti
mi percepción te anuncia
como un río
que crece de madrugada
y se desborda
El agua corre bajo la cama
el agua lleva rostros
y cadenas
lirios y billetes
y vestidos de novia
luego todo es sangre
Un río con su nido de lobos
y nubes de tormenta
ramas crepitando
ciervos
y ese árbol
ese árbol que también eres tú
más allá de la noche
Hay un bulto de pie
junto a mi cama
que emerge
de las aguas del aire

ERA AGOSTO y eras tú
y toda la parsimonia un calor que espejeaba
bajo las vigas de los álamos en pasadizos nubilosos
El púrpura intenso del follaje disolvía los cuerpos
La niebla abrazaba
Los pájaros las nubes
El lago de nubes que cubre nuestra casa
Tu cuerpo el bosque acelerando su ritmo
el corazón del bosque bebiendo nuestros pasos
y el tropel de caballos a galope encendido
La flor más tibia de tu cuerpo abría
La jacaranda echaba alfombra y un jardín a tus pies
y al borde del estanque tensábanse
lienzo de su esmero
como tus arrebatos
las cúspides del fuego
Ese abaratamiento
esa cautiva humillación
Mármol día de manos breves
Soles día que huía
Por los peldaños de la biblioteca el azul indomable de los
                                             [árboles
La dorada rejilla
los asientos de cuero suspendidos
Lomos del libro abriéndose en su albergue de plata
Nubes en lo hondo del techo
Nubes   papeles dispersos como golpes de lluvia que la
                                        [diosa lanzaba
La flor más tibia de tu cuerpo y el tropel de caballos
                                        [labios   latidos
El sol perdiéndose en la distancia
El rumor creciente la canción del follaje
El latín dominaba las tardes densas como reptiles
con sus nubes de moscas
Nuestros cuerpos hundidos

Ese diván la lengua ese jardín de lenguas bajo la cerradura
El sol el hielo ardiente de la página
abriéndose a otro cielo de ala enmohecida
otro cielo el moribundo pez
carnada de la melancolía
esa lluvia esa u ese furor del mar
goteando
mojando nuestra sombra
empapaba el cabello
las finas terminales con mis dientes
Bajo de ti
el golpeteo de la lluvia el marco humedecido
Desatabas mis trenzas
Me llevabas al cielo con tu roce de uñas de mi cuello a la nuca
La saliva del verbo conjugaciones pupitres en las aulas lejanas
Arrojados de sí la saliva del verbo
El rumor de los cisnes
Ese oleaje de arena
de saliva del verbo
Sal sal a la luz de esta declinación
Los días se apagan como una veladora en lo oscuro del cielo
Sal sal de ti
Un movimiento y otro lejos de Dios
Un movimiento hacia Dios
Por más que lo medite quedaré tajada
Sal vuélvete paloma que muero de la luz del agua donde llamas

Minerva Margarita Villarreal (Montemorelos, 1957). Premios: Latinoamericano Plural de Poesía, 1986; Nacional de Poesía Alfonso Reyes, 1990, Universidad Autónoma de Nuevo León a las Artes, 1991; Internacional de Poesía Jaime Sabines, 1994; Internacional de Poesía Letras del Bicentenario 2010 Sor Juana Inés de la Cruz. Realizó la antología *Elogio de la Fugacidad*, de José Emilio Pacheco para el Premio Cervantes 2009.

Lina Zerón
(México)

UN GRAN PAÍS

Vivo en un país tan grande que todo queda lejos:
    la educación,
        la comida,
            la salud,
                la vivienda.

Tan extenso es mi país
que la justicia no alcanza para todos.

LETANÍA

Benditas las mujeres que protegen el fruto de su vientre
y ostentan la parábola de su belleza bajo un delantal,
aquellas que lavan su rostro con el manto de la rutina
y se atreven a alzar la voz, aunque sólo se tenga la voz.

Benditas las mujeres que arrastran el estigma de impuras
regando su futuro con lágrimas de ausencias
aquellas que encuentran purificación
en el agua de cualquier río
y tejen amores dispersos en el manar del tiempo.

Benditas las mujeres que se enamoran,
  las hechiceras de la noche,
las que comparten el fuego de las bodas del cuerpo
  en la consagración de la piel.

Benditas las que gritan lo que el corazón profesa
las que escuchan y las que defienden su palabra
las que ocultar deben sus pasiones verdaderas
sobreviviendo como agua estancada y triste.

Benditas las que abrasan su nido vacío
y reviven cada noche el éxodo desde su origen.

Benditas las que son tormenta y ríos sin cauce,
a las que llaman locas, revoltosas, liberadas, feministas,
pero encaminan al viento con una mirada.

Benditas las hembras con fracturas y con fragmentos.
Benditas Nosotras, matriz del universo.

DOMINGO SERENO

No debo amarte en domingo sereno
            ni por el miedo de una tarde de rezos,
ni ahora que los recuerdos son retazos
                        de gemidos feroces
y tu imagen aviva los ojos de la hoguera.

No ahora que mi piel se mece en la nostalgia de tu piel
                                    y llora,
ni aún cuando todos mis vacíos
            están habitados por tus silencios
y tus caricias dejan caliente rastro en mi memoria.

Necesito estar fuerte para enfrentar tu narcótico sexo,
tus devastadoras manos que destilan veneno
y distraerme de tu cuerpo seduciéndome altivo
                        sobre el lomo del aire.

Necesito imponer cordura a mi nervioso vientre
para no amarte como si todo el mundo fuera tu boca
y los mares y los ríos tu indomable lengua
              y mi sed nunca estuviera satisfecha.

Quiero dejar de sentir hambre de ti / de mi.

Si los océanos fueran tu sexo
              bebería cada gota de mar
       y devoraría cada grano de arena
              sobre la playa firme de tu cuerpo.

Necesito calma en la espera,
              música de alas al viento
para volver a arrojarme al precipicio de tus besos.

Y si de ti algo queda después de la explosión del agua
  sólo entonces volveré a amarte.

NADA

Nada es sin ti,
   nada en la nada
       mi nada perdida naufraga
              sin ti.
La ola nada sobre nada
  sin ti sola la ola nada.

Lina Zerón. México, 1959. Poeta (11 libros). Narradora (cuatro novelas y un libro de cuentos). Periodista y promotora cultural. Directora de Linajes Editores. Poemas traducidos a 12 idiomas. Aparece en más de 80 antologías, revistas y periódicos en el mundo. Entre otras distinciones: Reconocimiento del Parlamento Andino, otorgado por primera vez a un extranjero, Perú, 2009. Doctora Honoris Causa Universidad de Tumbes Perú, 2007.

Blanca Castellón
(Nicaragua)

ADIÓS TRISTEZA

QUIERO que estrenes esta noche
la risa que te regalé en tu cumpleaños

vamos
suelta el lazo blanco

abre la caja de cristal con fieltro al fondo
toma la risa y úntala en tu boca

yo sonaré el manojo de llaves
agitaré el vaso con monedas de a centavo
vestiré las líneas de tu mano
enroscaré en mi cuello tus huellas digitales

será una noche larga y ancha
como el río San Juan

al final como sorpresa
me pincharé con una aguja el corazón

hasta que brote sangre
y pinte en rojo tu tristeza.

POSTAL BRUMOSA

CAMINÉ con las sandalias que te gustaban
por el puente roto que señalaste

la blusa de lino y botones forrados
dejó entrever a través de su ralo tejido

que yo te amaba en los días nublados

había nubes con la marca de tus dientes en el borde
hasta ahí todo me pareció normal

luego vino el funeral de este absurdo cuerpo mío

y ya sabes cómo es la muerte
dueña y señora del espacio en blanco
usurpadora de la palabra

recibe pues esta muerte reciente
y corresponde.

LOS MUERTOS

Los muertos destilan humo
y asuntos pendientes

se instalan en la corona
de arterias moradas

que cercan el corazón

Los muertos no son
tan nobles en su reposo

aprovechan el tiempo libre
para interponerse en la sana

costumbre de sonreír
que tenemos los vivos

luego abren la llave
de agua en los ojos
y nos hacen llorar.

AGENDA EN BLANCA

PÁGINA BLANCA
en abierta actitud de burla
con los dientes perlados
con los dientes pelados
aquí termina tu reputación
sin mancha

tinta
corre a desactivar su nitidez

página blanca
no sos pura

ya no.

Blanca Castellón (Nicaragua, 1958) ha publicado *Ama del espíritu,
Flotaciones, Orilla opuesta* (premio internacional del Instituto de Estu-
dios Modernistas de Valencia España), *Los juegos de Elisa, Sinónimo
Antónimo*, con cuatro poetas amigos. Traducida a varios idiomas.
Publicada en más de veinte antologías y en importantes revistas
internacionales. Es vicepresidenta del Festival Internacional de Poesía
de Granada, Nicaragua.

Francisco de Asís Fernández
(Nicaragua)

EL POETA Y SU ESPEJO

HAY UNA PERSONA que vive en mi espejo
que se ha hecho con los momentos de mirarme,
y parece contener, por su edad, el costado perverso de mis sueños.
Hace años era diferente. Y el tiempo lo ha hecho otro.
Ahora da la impresión de haber renunciado a mucho
y no se le ve la belleza que le dio la juventud.
Parece que en el mundo que vive hace frío y comienza a llover.
El hombre que me sale en el espejo es reservado y reflexivo
y sólo algunas veces repite mis palabras como en un eco sordo.
Me entristece que sus grandes pasiones le hayan arrugado la piel
y lo hayan ensombrecido con soledad, pensamientos de tristeza,
patas de gallina en los ojos y profundas ojeras.
Me dan miedo sus miradas de resignación y reproche
y su rechazo profundo a ser cómplice de la dicha y la mentira.
Su tono está hecho de pensamientos y no oye mi guitarra,
y cada día se parece más a mi padre.
Tiene la cara de mi padre ya invadida por la tristeza.
No está de acuerdo con la disipación de mis trabajos y mis días
y me quiere más fiel a mi casa y a mis sueños.
Él compara su mundo lleno de reflexiones
con el mío, que no tiene sosiego ni en la alegría ni en la tristeza,
ni en la verdad ni en la mentira, ni en la prosa ni en la poesía,
y me ve como un venado joven suelto en los riscos
en un paisaje de piedras y espinas.
Cuando se pasa su mano como un rastrillo sobre su pelo
pareciera que se quiere arrancar de raíz su parecido conmigo
y que ya no quiere tener más mi imagen mundana
apareciendo inesperadamente para perturbar la riqueza de su
                                                    [soledad
en su recinto de clausura.

CONFESIONES DE MI ÁNGEL

Al poeta Ernesto Cardenal

LOS ÁNGELES se meten en mi pecho y me despiertan de la muerte,
me abren la vida con los pétalos de sus rosas y sus dedos.
No son ángeles tímidos que sólo ofrecen la misericordia de la muerte,
son ángeles primitivos, refinados y toscos,
que tienen la belleza del relámpago y la soledad de la locura.
Ángeles y demonios luchan dentro de mí para quedarse con mi
                                                  [alma.
Sueño y pesadilla me alteran el sentido de la vida.
Injertos adueñándose en la profundidad de las heridas
del tejido cerrado de la hoja en blanco de los sueños.
Me hacen la vida imposible
esas manos que salen de la nada en un mundo que se abre al
                                                  [abismo
y escriben mis poemas cuando entran y forman parte de mi alma.
Estos ángeles, adictos a la albahaca,
me hacen buscar el paraíso sin ponerme ideas de lo que es el
                                                  [paraíso,
esconden la verdad cuando hablan del paraíso,
cuando hablan del alma del hombre en la tierra,
y cuando oprimen la verdad me aferran a la rabia.
Los hombres, a diferencia de los ángeles, nacemos criaturas
                                            [salvajes enfermas
y los enfermos siempre morimos sin conocer el misterio de la
                                              [muerte.
Dice mi ángel que por eso hablamos de miedos que sugieren
                                              [locuras
y comprende que vivamos marcados por las equivocaciones.
Mi ángel calla cuando digo: "a veces estoy triste pero no quiero
                                              [morirme"
o cuando pienso que no quiero morirme rodeado de extraños.
Así las cosas, mi ángel no sufre penurias en mi alma, que es
                                              [íntima y melancólica.

Le hago muchas preguntas y no siempre espero respuestas.
Pero hoy me hizo una confesión que me hizo perder la fe en el
                                        [hombre.
Me dijo que los ángeles no tienen tierra nativa y que su casa es
                                        [el infinito,
que la tierra es la punta de una aguja en un inmenso pajar de
                                        [estrellas,
que el Sol es como un grano de arena comparado con Sirio,
                                        [Pollux, Arturo,
Rigel, Aldebarán, Betelgeuse, y la inmensidad
                                        [inconmensurable de Antares,
que nuestro mundo no cuenta ni sirve para nada en la noche
                                        [estrellada,
que el hombre no es el dueño de la creación ni el centro del
                                        [universo,
que somos como una letra menuda perdida en la Biblioteca de
                                        [Alejandría,
que nuestros mares, cordilleras y continentes, los países y estados,
junto al amor y el odio que nos tenemos los seis mil millones
                                        [de hombres y mujeres,
no significan nada en el Universo,
que sólo somos quinientos cuarenta millones de kilómetros
                                        [cuadrados,
seis mil cuatrillones de toneladas de roca,
mil trillones de toneladas de agua,
y que ni siquiera nos podemos distinguir desde los anillos de
                                        [Saturno.
Me dijo que estamos solos, terriblemente solos dentro de
                                        [nuestra soledad,
que somos un imperceptible puntito azul en el cielo,
que todas nuestras guerras, nuestras grandezas y nuestras miserias,
nuestra Historia, nuestro arte, nuestra poesía, nuestras pasiones,
nuestra flora y nuestra fauna, nuestras razas y nuestras religiones,
estamos en un barco a la deriva que nadie vio partir y nadie lo
                                        [está esperando.

Y ahora ya sólo quiero rezar:
"ángel mío de mi guarda, dulce y fiel compañía,
no me desampares, ni de noche ni de día".

Francisco de Asís Fernández (Granada, Nicaragua 1945) ha publicado los libros de poesía: *A principio de cuentas, La sangre constante, En el cambio de estaciones, Pasión de la memoria, Friso de la poesía, el amor y la muerte, Árbol de la vida, Celebraciones de la inocencia, Espejo del artista, Orquídeas salvajes*. Es presidente del Festival Internacional de Poesía de Granada, Nicaragua y miembro correspondiente de la Academia Nicaragüense de la Lengua.

Gloria Gabuardi
(Nicaragua)

NUNCA MÁS

*En homenaje al Dr Fernando Cedeño, testigo del
asesinato de un mártir en 1967 y luego él mismo
asesinado por la guardia genocida somocista.*

UNO DE LOS CUENTOS que me hacían cuando estaba niña
era de cómo se morían las estrellas,
era fantástico, pero me producían pesadillas.
En mi inocencia,
en mis sueños, trataba de encerrarlas en un cofre para que
[no las encontraran
y tiraba la llave al fondo del mar.
esto era mágico para mí.

Ha pasado mucho tiempo desde entonces,
pero hace poco desperté afligida porque en mis sueños
[habían escapado
las estrellas de los cofres, y con ellas una historia vivida,
que estaba envuelta en la niebla, en el infierno del olvido
que estaba atrapada en un rincón de mi corazón.

Esa noche se abrieron puertas y compuertas
y como un chiflón, como una exhalación,
escaparon presurosas mis estrellas,
como viento del desierto levantando arena
produciéndome quemaduras en el cuerpo.

Esta noche infernal no tiene un solo escondite,
el sueño vuelve y me impresiona:
"Se lo llevó la guardia preso con su hermano, se lo llevaron

a empujones, montones de guardia, todo mundo lo vio
y están desaparecidos.
Semana Santa cruel, vía crucis por Managua,
de radio en radio, de periódico en periódico
de cárcel en cárcel, otra vez, y otra vez.
De nuevo la misma historia de cuando niña.
Hasta la mismísima Casa Presidencial.
Nadie lo tiene, aquí no está, quieren perjudicar a la guardia,
Búsquenlo, búsquenlo, búsquenlo,
Nada, Nada, Nada, Nada.

Una noche fui citada de manera secreta
a una entrevista con el médico de la guardia nacional,
lugar secreto,
jurar, jurar, jurar, jurar, jurar, no decir nada, no decir nada
él está muerto, lo mataron, lo masacraron, está muerto,
                                        [despedazado,
pero su hermano está vivo lo tiene la guardia
hay que salvar a su hermano, dice el médico.

Hay que salvar a su hermano es la orden de mi corazón:
tienes que actuar, tienes que moverte, tienes que gritar,
hay que estremecer a la nación.
Hay que estremecer la conciencia del mundo
para que nunca ocurra, para que no suceda más nunca,
para que lo sepan las piedras, las nubes, los árboles
las hojas, el viento, los hijos, los hijos de los hijos,
las madres, los padres, el pueblo entero.

Para que el hombre queme su mala levadura
para que mate el animal que lleva dentro
para que los hombres sean hombres y no bestias,
para que no olvidemos, para que no olvidemos,
para que no olvidemos, para que no olvidemos
para que nunca ocurra más, para que nunca ocurra más

para que nunca ocurra más, para que nunca ocurra más
para que no lloremos por nuestros hijos, para que no
[lloremos
por nuestros padres, para que no desparezcan a nuestros
[hermanos,
para que nunca más, para que nunca más, para que nunca más
nuestro suelo Patrio se llene de sangre
para que no sangren nuestros corazones, ni lloren nuestras almas

hay que hacer marchas, hay que tirarse a la calle, hay que
denunciar, que aparezcan nuestros deudos,
que nos entreguen a los detenidos,
demos los nombres de los esbirros
demos los nombres de los torturadores
señalen nuestras manos a los que fueron
señalen nuestros dedos al criminal y sus conjurados.

Consejo de guerra a los señalados.

está muerto, está muerto, está muerto.
Su cuerpo despedazado pedazo a pedacito
y para ocultar el delito
dejado caer en el cráter del Volcán.

Horror de los horrores, grito, grito, grito, grito
grito, grito, grito, grito, grito, grito,
que llegue hasta el cielo, que conmueva a los mares,
que se estremezcan los bosques,
que lloren los ángeles, que lloren el sol y las estrellas,
alarido, alarido, alarido, alarido, alarido, alarido,
desgarro, desgarro, desgarro, desgarro, desgarro.

Hay que salvar a su hermano me dije y mi corazón:
luchar, está vivo, está vivo, está vivo, que lo presenten,
que lo entreguen, que lo entreguen, que lo entreguen.

Cae de bruces mi pobre alma, mi pobre cuerpo
mi corazón de niña se hizo una cascarita.
Los fantasmas de los muertos
me acariciaban la cabeza.
Nicaragua, había llegado por el túnel de la vergüenza hasta
                                        [el final

no pudimos enterrar su cuerpo

pero su hermano fue liberado.

Por mi parte, recogí mi corazón que como decía Vallejo,
se encontraba tirado debajo de un zapato viejo,
mi padre me recibió esa noche con un abrazo y un beso
y lloramos los dos interminablemente.
Luego me senté a esperar en la oscuridad
la llegada del nuevo día.

                    A 30 años del triunfo de la Revolución.
                    A 20 años de la pérdida de la Revolución.

Gloria Gabuardi (Managua, Nicaragua, 1945). Doctora en Derecho, poeta y artista plástica. Asesora de la Comisión de Derechos Humanos de la Asamblea Nacional en diferentes épocas. Premio de la Unión de Escritores de Nicaragua (1982). Miembro del Centro Nicaragüense de Escritores; y miembro fundador de la Asociación Nicaragüense de Escritoras. Directora Ejecutiva del Festival Internacional de Poesía de Granada y miembro de su Junta Directiva. Traducida a varios idiomas.

Esteban Cabañas
(Paraguay)

PARA ÉL

ΠO ES EL MURO solamente
sino la ausencia del muro
no es un tiempo
sino que el tiempo ha muerto
No es que el dictador ha muerto
el dictador persigue todavía su inevitable sombra
su enceguecido ojo perturbado por inocentes vírgenes

No es que el ojo mire
ni crezca el labio
ni que su vieja mano de lujuria con su costra sedienta
se encuentre en otra mano

Él persigue otra cosa
no es el muro solamente que envejece de pronto
ni el tiempo que ha muerto
ni la ausencia del sentido completo
porque si todo el tiempo persistiera sobre él
se habría hecho inmortal.

(En: revista Alcor N° 42, 1967)

CON PRECISIÓN DE CIRUJANO EXPERTO

CON ALAMBRE de acero texturado
le pararon el sexo
no habría grito, sonrisa, ni silencio

algo como un sudor ponía en las paredes
la humedad que los ojos traslucían
y un jadeo profundo levantaba
un hedor de saliva.

La extensión de ese cuarto ocupaba su rostro
dibujado con uñas y excrementos
más allá una ventana clausurada
alguna cerradura enmohecida
la huella de una mano
un clavo
y el ruido de pronto
al cerrarse una caja en el cerebro.

El hombre regresa por un acantilado
el mar salpica espumas y una gota
se rompe sobre la piel desnuda.

(De: El tiempo ese círculo, 1979)

CINCUENTA Y UNO

Lo VISIBLE es lo más ausente
arrastro el monólogo
que procura inventarte:
el simulacro lo difuso.

CUARENTA Y SEIS

Lo INVISIBLE
el viento
el aroma de las madreselvas

lo que piensas el tiempo el espíritu de las
piedras
Dame dos cosas más:
el recorrido de tu mirada
el sueño en el final de la noche.

A Ticio Escobar:

EL BUSH CAE

Arrasa con sus ramas una esquirla,
sus ramas que son hierros,
rompen la mañana.
Hay un desierto atrás cubierto de niños
muertos,
muertos mutilados.

Mujeres de paños negros
tapando el rostro mutilado.
¿Tienen miedo del Bush?
arbolito de metal cae
arrasando, fuego y metal arrasando,
el viento pasa,
sombra, superficie de la tierra arrasada
bajo la sombra.

(Inédito)

Esteban Cabañas (Paraguay, 1937), seudónimo de Carlos Colombino. 1998: Premio García Lorca por el *Náufrago Insumiso*. Premio Club Centenario por *Lo dulce y lo turbio;* finalista para el Premio Nacional de Literatura. Editado luego por Sudamericana. 2001: Premio Municipal de Literatura. 2009: Arandurâ y Tren Rojo publicaron una antología de sus poemas y su libro *Latido que no cesa*.

Víctor Casartelli
(Paraguay)

ARROYO DE LA INFANCIA

En el desierto del tiempo
—entre la fina arena
de las horas escurriéndose—
busco tu perdido cauce,
oh linfa irrepetible.

Pero no eres más que un espejismo
para mi sed creciente
en esta caminata irreversible,
arroyo de la infancia.

(Todos los cielos, 1987)

LOS PASOS PERDIDOS

Cuando la noche se viene
con su fanfarria de grillos
y su enjambre de luciérnagas
en algún predio baldío,
quiero volver a los sueños
que alenté yo cuando niño:
soñar que soy hábil duende
en un yuyal escondido
donde invento otras estrellas
con un palito encendido.

(La transparencia de los días, 1990)

DESTIEMPO

Hay un fulgor jamás imaginado
y sin embargo en mí es noche todavía.
Desando las arenas del desierto
de mi alma y un turbión
de amor, desencajado en mi soberbia,
cruza mi soledad
cual un puñal filoso de amargura.

(La vida que vivimos, 1992)

PROPÓSITO

Dejo abierta la puerta de mi casa
para que entren mendigos, alfareros,
niños que ofertan frutas,
vendedoras de miel.
Y, cuando vuelva, como en un trapiche
extraeré sus perfumes, sollozando.
Y la cerraré.

(La emoción que no cesa, 2001)

DESDE EL VIAJE INFINITO

a mi madre

Desde el viaje infinito
el perfil de tu rostro se tiende
sobre mi sombra que oscila todavía,
que aún se mueve entre el éxtasis y la agonía:
de tus ojos se desprende una bandada de torcazas,
vuelan hasta el ramaje de las casuarinas.

A orillas del Tebicuary te sueño
y la luna de invierno me **alumbra**,
su luz fulgura en las escamas de las corvinas.
Es la noche de San Juan y la escarcha se demora
al calor de las fogatas:
en ellas arde el recuerdo inútil
y más allá en tu pueblo **incendian**
la inocencia trunca y la vana lágrima.

(Ojos del corazón, 2006)

ANTE EL TRUENO ENMUDEZCO

UN ZORZAL canta en el amanecer
y su canto es el sonido oscurecido en las entrañas de la tierra
que ahora ha trepado en busca de luz en la copa de los árboles.
Desde mi silencio subo y **advierto** una tempestad de soledades
en la enjundia engañosa **de** los trinos.

De pronto entre la notas **discierno**
el agudo chistar de un insecto oculto:
es el embrión de un trueno soterrado y con él van a estallar
las notas de todas las canciones acalladas.
Así es cuando enmudezco yo.

(de Memoria en desbandada, inédito)

Víctor Casartelli (Puerto Pinasco, 1943). Miembro de la Academia Paraguaya de la Lengua. Socio fundador y ex presidente de la Sociedad de Escritores del Paraguay. Poemarios publicados: *Todos los cielos, La transparencia de los días, La vida que vivimos, La emoción que no cesa* y *Ojos del corazón*. Incluido en diversas antologías publicadas en Paraguay y otros países. Es diplomático de su país.

Ricardo de la Vega
(Paraguay)

OFICIO PELIGROSO

ESCRIBIR POEMAS en este país abrumado por toda clase de injusticias parece una actitud evasiva, fuera de lugar. Abrirse de la realidad para escandir y soñar con las palabras es casi una ofensa en este tiempo indigente porque, al parecer, las palabras echan a perder las mejores cosas.

Sin embargo yo salgo a la calle, día tras día, y encuentro que entre el griterío que lo domina todo hay espacios no hollados por la vulgaridad y el latrocinio, espacios nunca derrotados como si fueran islas rodeadas de tierra o islas sin mar o seres humanos aislados de las garras tendidas en ademán de asir. Espacios por donde la gente transita con cierto aire de superioridad lírica. Es comprensible esa actitud puesto que no debió ser fácil vencer a enemigos tan poderosos y que nada perdonan blandiendo sólo las comunes palabras.

Por lo visto en las calles se libran batallas esenciales.

Ha querido el destino que yo escriba poemas en un país abrumado por toda clase de injusticias con las mismas palabras que, al parecer, echan a perder las mejores cosas y que la gente utiliza como ardientes armas para vencer a los poderosos en batallas memorables.

¿Escribir poemas es el oficio, entonces, de los que juegan con fuego?

(De: *Cuídame el corazón*, inédito).

LEJOS DE LAS BANDERAS

Lejos de las banderas,
del arado escrupulosamente campesino,
lejos de las señoras literarias,
del hastío sosegado en los besos.
Lejos de los amigos
y del vino del amor,
aquí.
De pie sobre los muertos,
de los míos,
de los que se me caen todos los días
desde que te fuiste.
Aquí
afuera del redil,
de la agonía impura,
porque es la misma sombra
la que duerme en mis brazos.
Aquí soñando, amaneciendo,
blasfemo en el Mar Extraviado de mis hermanos.
Aquí me digo para mí,
para nadie,
que el horizonte acaece en la otra orilla,
en la cintura pálida del mundo,
a fin de mes y de rodillas en la Espuma del Verbo.

(De: Afuera, 2003).

AGUAS SERVIDAS

Navega una tapita de cerveza
en tu quietud serena, en las orillas
golpea su pancita de metal
y gira y gira.

—Un boleto que cruza, desdichado,
doblando el esqueleto,
naufraga—
Una brisa te empuja desde siempre,
pero nada sucede,
no hay rueda, sombra, paso que te inquiete,
como el asfalto, tibia permaneces.
Sea acaso tu misión estar ahí
devorando pisadas, polvo…
¿En vano
son entonces municipalidades,
lluvias, quejas, y el río que te llama?
Nadie responde nada, pero a veces,
de tu quietud hedionda surgen piedras
que se yerguen, hermosas, en el aire.

(De: Notable paraíso, 1995)

Ricardo de la Vega: Nació en Mendoza, Argentina en 1956 y reside en el Paraguay desde el 21 de septiembre de 1977. Poeta y narrador perteneciente a la Generación del 80. Libros publicados: *Sin opciones después de la cena; Notable paraíso; Cincuenta y cuatro; La canción de R; Afuera; Canto al Mariscal López; Los hombres ya no invitan a cenar.* Su obra mereció numerosos premios literarios. Dirige la revista de poesía *Tren Rojo.*

Jacobo Rauskin
(Paraguay)

HOJAS DEL JEJUÍ

1

Y LUEGO de la quema de la casas
que ardieron como rastrojos,
quedó la estirpe de un hombre a la intemperie.
Sólo entonces se alejaron los soldados.
Muchos años después, ni olvido ni memoria
encuentro en el silencio de ese viejo
sentado en un cajón que fue de frutas,
sentado en medio de la verde nada
que el rico llama campo
y el pobre llama lote, con acierto.
Ahí lo veo, más que dudoso propietario
de otro nuevo lote demencial
de los que ahora entrega el gobierno.
El viejo nos dice buen día
a un funcionario, a un periodista,
a mí, que oficialmente no existo.
En realidad, no es un saludo.
Creo que el viejo quiere decirnos
que el arado es el padre de la artrosis.
Volver a la utopía para encontrarme con la historia.
Volver a la utopía para oír el silencio de un hombre.

2

Yo no entiendo la historia que me toca vivir,
pero entiendo a los ríos
y me gusta este lento, cansado y lento Jejuí.

Un río hermoso para no tomar fotografías.
Un río bueno para sacarse los zapatos
y hacer prontamente las paces
con encarnadas uñas y plantales callos;
un río para mojar en él los pies;
para entrar en él con un resto de jabón en la mano
y bañarse al modo lugareño,
bañando también al caballo y a los niños,
bañando el atardecer sucio en el agua,
bañándonos en el agua del río que somos,
que fuimos y seremos.

3

El río y yo sabemos algo.
Los dos sabemos que andar cansa.
Los dos llegamos tarde al mismo rayito de luna.
Los dos llegamos tarde al mismo sapo,
al caballo que mira las aguas
y no sabe que el río es una presencia póetica
como el sapo, el rayito de luna, como él mismo.
Ese hermoso caballo inocentemente se mira
en el dudoso espejo de la noche en el río.

UNA CARRERA EN WASHINGTON

NOTABLE diplomacia sin secretos.
Inevitable desembarco a la vista.
Ultimátum es visa, portavoz
es prologuista de portahelicópteros.
Esposa, dos hijos, un gato persa, libros.
Un día la escena cambia sin que nadie sepa
decir por qué o por qué tan de repente
Puerto Príncipe es un fracaso y Beirut un caos.

Se intenta algún arreglo según la prensa.
Y los ojos de la censura parpadean.
No hay datos disponibles
en términos de público despacho.
"No es cuestión de mapas, es la carrera,
se trata de poner buena voluntad, nada más".
Así decía el hombre y se ajustaba los lentes
que, redondísimos, iban bien, a su manera,
con el óvalo del rostro y la escultórica
cabeza ovoide intensamente blanca.
Clases y conferencias aliviaban,
siquiera en algo,
su temprano retiro del servicio.
Yo lo escuché una tarde en Baltimore,
entre un homenaje a Poe y una visita
a no recuerdo qué museo local.

Jacobo Rauskin nació en Villarrica, Paraguay, en 1941. Su obra
poética, iniciada en plena juventud, abarca hoy numerosos títulos.
Los más recientes son *La rebelión demorada, Espantadiablos, Los años en
el viento* y *Las manos vacías*. Se le ha concedido en 2007 el Premio
Nacional de Literatura. Es miembro de la Academia Paraguaya de
la Lengua Española.

Victorio V. Suárez
(Paraguay)

ENVOLTURA

RESTAURÓ su simplicidad de arena
y trató de entender los presagios
que anunciaron la vigilia.
Había inflamado los poros de la carne
pero las moléculas de existencia
resguardaron sus plataformas.
Latidos de furia voltearon el aire,
las estatuas cortaron su envoltura
hasta llenar de talco la mañana.
Las crónicas registraron el incendio
y en las calles arriadas de almas prisioneras
ninguno volvió a caminar como debía.

VIGILIA

NO SE PUEDEN conocer los rastros
de las manos en el agua,
tampoco la lividez del vacío
cuando apenas queda
un soplo intencional
en la robustez perpendicular
de la tarde.
Presencias aclimatadas
cada fin de semana,
resplandor de ansiedades
y luego la vigilia.
Las miradas se entrecruzan
ignorando lo que queda
a un costado de la vida.

INMOVILIDAD

No ENTENDIÓ el movimiento telúrico
y llegó a destiempo.
Había surgido en la cicatriz de un sueño
con pletóricos emblemas
que luego sellaron sus formas.
El clima ríspido del atardecer
no reanimó su pulso después del naufragio
y repitió sus pasos en las huellas
cuajadas del diluvio.
Tuvo que desatar el silencio
y cuando abrió los ojos recrudecieron
los principios fundamentales del aire
en la vieja inmovilidad del espejo.

RETINAS

EN UN SITIO anónimo
se agitan las partículas salobres
de alguien que se fue.
Pero el reloj ya marcó su tiempo
en la brevedad confusa
del cielo eternamente esquivo.
Las eyaculaciones murieron en arenales
que sellaron entrañas de fuego en la tarde.
Ya no quedan horizontes
después del aire descompuesto
que dejó el aguacero.
Definitivamente, todos imaginan
que las retinas
no se despegarán de las paredes.

AZUFRE

La REFULGENTE matriz suelta relámpagos
de misterios insondables.
Se bambolea el aguacero calcáreo
y los navegantes del olvido
comprimen sus caras de azufre en el día.
Nadie evidenció el caldo
que hervía desde las vértebras aporreadas
en los baldíos.
Con arena quemada en las lenguas
soltaron inciensos
y los cuerpos flotaron sin venas
sobre los andamios cardinales
del viento desterrado.

Victorio V. Suárez (Asunción, Paraguay, 1952). Poeta, ensayista, periodista. Pertenece a la llamada Generación de los 80. Publicó *Oficio del caminante* (2010); *Pasiones, lugares y nostalgias* (2010); *Fantasmas peregrinos* (2009); *El cristal y la rosa* (2008); *La niña de sepia* (2007); *Cristal Interior (Bardo Thodol)* (2005); *Proceso de la literatura paraguaya. Literatura paraguaya 1900-2000* (2001); *Los fuegos del alba* (1985).

Shirley Villalba
(Paraguay)

SACO Y CORBATA

tENGO un corazón
que viste de saco y corbata

cada vez que lo veo
se me desacomoda el aire

se me erizan
las cejas en la espalda

se me anudan
los ojos en la garganta

y la voz
se me escapa por los pies

ENCUENTRO

eNLÁBIAME tu rostro
en la boca
 y deja que tu lengua
me vea
 y núblame la piel
con tus besos
y encuéntrate conmigo
en mi sombra

AGUACERO DE LUNA

CUANDO sus manos
mojan mi sombra
la humedad me traspasa
y escribe en mi sangre
un camino de luz
que se hace noche en mis venas
y me bautizo por fuera
y me baño por dentro
y me aguacero de luna

CÁNTARO

aRCILLO mi sed
y me desnudo de agua
y me refresco de luz
y me sediento de bocas
y me bebo

VIGILIA

CUANDO la noche
        se harte de mí
                habré amanecido

SABIDURÍA DE LOS GRISES

Y MIRAS la distancia con el azul de la nostalgia
y sigues muriendo un poco cada día
y miras las cenizas con el gris de la llegada
y empiezas a morirte más que ayer

y miras tus cabellos y tu **cuerpo transformados**
y con la sabiduría de los **grises**
descubres con enfado
lo que has perdido sin **saber**

ENTREACTO DE LA MISERIA

LAS CALLES salen a pasear en sus cenizas
las casas entran a dormir al borde de su abismo
y los hombres se arrastran por las calles
                            entre-sueños

CENIZAS Y FLORES

NO TIENE madre este sentimiento de lento vacío
y es mi pecho un hijo de pezón hambriento
no tiene padre este corazón de solitario estruendo
y es mi frente un niño de envejecida alegría
no tiene edad este transcurrir sin tiempo
y está trasnochado de nostalgias mi cuerpo
y apenas soy un libro de cenizas y flores
escribiendo un rostro sobre mi nombre

Shirley Villalba nació en Coronel Oviedo, Paraguay, en 1974. *Penumbra hembra* fue su primera publicación individual con la cual obtuvo una mención de honor en el Premio Municipal de Literatura de la Ciudad de Asunción, en 2006. Colabora activamente con la revista de poesía *Trilce* de Chile y con revistas literarias locales. Ha participado en festivales internacionales de poesía.

Javier Alvarado
(Panamá)

SONRISA SONETEICA AL GATO DE CHESCHIRE

Eres la oscuridad de la sonrisa
portando vida con tus siete muertes
siete vidas nos dejas como suertes
llama de humo en la greda de la brisa.

Y no es la soledad, locura pisa;
rabo y magia, las fábulas que ensuertes
niñas y marionetas tan inertes
acertijos de loca y nueva risa.

Nos bullirá la creación entera
y la inmemorial bruma en lejanía
cuando tomes camino hacia la nada

escogiendo la nunca primavera
de tus ojos, la tierra umbría, umbría
nos deja como casa abandonada

EL FOTOÁLBUM

Me pongo a mirar las fotos al fondo
Donde se erige el álbum de la nada
Mujeres antiguas con vestimentas
Que hoy se apolillan en baúles de caoba,
Caballeros de sombrero y corbata que van y vienen
A una boda que siempre asisten.
Los abuelos que se fueron de uno en uno
Hasta desperdigar sus genes y la sangre de sus hijos.

Leonardo con su ropa caqui deambulando
Con su caballo colorado
Por un potrero de maderamen y ceniza,
Lucila con su pollera o pedaleando la máquina de coser
Motivando la aguja que ha de coser los trajes
Inolvidables del invierno,
Marcaria la loca que busca el refugio materno
De las aguas,
Celestino con su sombrero ensimismado
Y el rostro de la vejez tan denso
Como arboladuras animales,
Ahora Reyes que se ha ido
Dejando una blanca cola de estrellas
Y un perfume perpetuo.
La tierra se los tragó como el trabajo
Como el agua de la lluvia, el pan y el sacrificio
Hoy ojeo estas fotos y me persigue
El canto de un gallo fantasma.
Todos los recuerdos están como un guijarro
En la palma de la mano,
Como una oración de un desconocido detrás del muro.
Todas las abuelas me dan sus bendiciones.
Hay algo que busco y se ensombrece.
Es mi foto de muerto, que tarde o temprano, se ha de iluminar.

HELENSBURG

Ésta es Helensburg
Con sus edificios pardos y sus héroes de leyenda
Con su atisbo de peces en la sangre y el primer sonido del
                                                    [televisor.
Desde aquí se atisba la luz congelada en el invierno
O el arcoiris desparramado en amplias flores.
Miro sus calles, su oscura catedral

Las tumbas alrededor de sus faldas como polluelos
A punto de acurrucarse en las alas de la madre,
Sus muertos están cavando una ofrenda
O buscan las fresas para morderlas bajo tierra,
Contaré bajo su cielo las cartas de amor o miraré el gozo
Del limo en las estrellas, como navegantes supremos
Que buscan la orientación en la alquimia
Salobre de las aguas.
Aquí no hay vértigo, hay mil caminos.
Un soldado meditado en la redoma
Que nos abre y nos cierra la puerta.
Ésta es Helensburg
Con sus niños abiertos y sus amas de casa.
Con el perro solitario y la marca rosada del lechero.
Es la cotidianidad de un camino
Abriéndose paso hacia la sombra,
Una luz vegetal sin límite
Una constelación abierta en el mapa.
Ésta es Helensburg
Con su edificios pardos y sus héroes de leyenda
Donde los muertos a la falda de la catedral
Buscan las fresas para morderlas bajo tierra.

Javier Alvarado (Panamá, 1982). Premio Nacional de Poesía Joven de Panamá Gustavo Batista Cedeño en los años 2000. 2004 y 2007, Premio Pablo Neruda 2004 y Premio Stella Sierra en el 2007. Poeta residente Fundación Cove Park, Escocia, Reino Unido 2009. Mención de Honor Premio Casa de las Américas de Cuba 2010, Premio de Juegos Florales Belice y Panamá 2010.

Carlos Germán Belli
(Perú)

CLORINDA RICCHETTI DE BELLI Y
ELVIRA CABRERA DE LA TORRE

LÓGICAMENTE qué infinitas
Son las Evas que constituyen
El terrenal linaje mío,
Tal como les ocurre a todos,
Pero ahora no más me quedo
Aquí con ustedes por siempre,
En este punto juntamente,
Abuelas tan inolvidables,
Que merced a ti, oh Clorinda,
Oh Elvira, pude haber vivido.

Porque puntuales dan a luz
A papá y mamá en sino análogo,
Quienes jubilosos me traen
A este mundo, y así también
Coroné el amor de Adán y Eva,
E igualmente entre cielo y suelo
Ufano he prolongado allí
El cuerpo y el alma de ustedes,
En un par de adoradas hijas,
Exactas herederas suyas.

Por ti, Clorinda, conocí
El bálsamo de la ternura,
Que me preserva de la angustia
De no saber de dónde vengo
Y adónde finalmente iré,
Que así ese ser atribulado

Merced a ti se convirtió
En un fulano muy sereno,
Discurriendo de tal manera
En esta magna olla de grillos.

Y a suponer ahora arriésgome
Acerca de ti, abuela Elvira,
Que la aflicción te acompañó
En muchos trechos de tu edad,
Pero sí estoy seguro aquí
Que siempre premunida fuiste
De una notoria fortaleza
Espiritual indoblegable,
Que de ti mi madre heredó,
Aunque no lo sé si yo de ella.

Sí, queridísimas abuelas,
Por fin a cada cual mis loas
Prontas desde el claustro materno,
Pues de entonces la gratitud
Para ustedes he conservado
Hasta creer a pie juntillas
(Que me invade la desmesura
Por ser tan grande el sentimiento):
¡Yo todos los nietos y ustedes
Todas las abuelas del orbe!

SEXTINA DE LOS DESIGUALES

Un asno soy ahora, y miro a yegua,
Bocado del caballo y no del asno,
Y después rozo un pétalo de rosa,
Con estas ramas cuando mudo en olmo,
En tanto que mi lumbre de gran día
El pubis ilumina de la noche.

Desde siempre amé a la secreta noche,
Exactamente igual como a la yegua,
Una esquiva por ser yo siempre día,
Y la otra por mirarme no más asno,
Que ni cuando me cambio en ufano olmo
Conquistar puedo a la exquisita rosa.

Cuánto he soñado por ceñir a rosa,
O adentrarme en el alma de la noche,
Mas solitario como día u olmo
He quedado y aun ante rauda yegua,
Inalcanzable en mis momentos de asno,
Tan desvalido como el propio día.

Si noche huye mi ardiente luz de día,
Y por pobre olmo olvídame la rosa,
¿cómo me las veré luciendo en asno?
Que sea como fuere, ajena noche,
No huyáis del día; ni del asno, ¡oh yegua!;
Ni vos, flor, del eterno inmóvil olmo.

Mas sé bien que la rosa nunca a olmo
Pertenecerá ni la noche al día,
Ni un híbrido de mí querrá la yegua;
Y solo alcanzo espinas de la rosa,
En tanto que la impenetrable noche
Me esquiva por ser día y olmo y asno.

Aunque mil atributos tengo de asno,
En mi destino pienso siendo olmo,
Ante la orilla misma de la noche;
Pues si fugaz mi paso cuando día,
O inmóvil punto al lado de la rosa,
Que vivo y muero por la fina yegua,

¡Ay! ni olmo a la medida de la rosa,
Y aun menos asno de la esquiva yegua,
Mas yo día ando siempre tras la noche.

Carlos Germán Belli nació en Lima en 1927. Ha trabajado en la administración pública, el periodismo cultural y la docencia universitaria. Intervino en el Programa Internacional de Escritores de la Universidad de Iowa. En dos ocasiones obtuvo la beca Guggenheim. En 2006 recibió el Premio Iberoamericano Pablo Neruda. Ha reunido su poesía completa bajo el título de *Los versos juntos* (Sevilla, 2008).

Arturo Corcuera
(Perú)

TARZÁN Y EL PARAÍSO PERDIDO

Aaauaúaaa...! Aaauaúaaa...!

Tarzán (Johnny Weismuller) es internado en un
manicomio por creerse Tarzán.

Su grito, que asusta a médicos y enfermeras, no es el
clarín con el que hacía su victoriosa aparición en la
pantalla. El grito a Tarzán no le pertenece. Fue un
collage de sonidos confeccionado y patentado por la
Warner Brothers: decantaron en el laboratorio los
gruñidos de un cerdo y las notas de un tenor.

Tarzán en el sanatorio para artistas (retirados) de Hollywood,
abatido y vencido por la camisa de fuerza
(él que encarnó la fuerza sin necesidad de camisa).
Hoy casi a oscuras y ayer mimado por los reflectores.
Tarzán víctima de una dolencia cardiaca
se toca el corazón y piensa en Jane.
Desamparado llama en su desesperación a Chita
(entre sombras ve y besa a Chita como si fuera su madre.
Chita se limpia la boca, hace morisquetas
y dando volatines desaparece),
llama a Chita para que lleve un recado pidiéndole ayuda a Jane.

Pero Chita no podrá acudir. Chita no existió en la vida real.
(Eran ocho monas chimpancé, ocho monas que parieron su
estampa cinematográfica).

Y Jane,
la bella silvestre de los níveos brazos,
ya no lucirá más su silueta junto a Tarzán,
porque Jane ya no filma. Hace mucho tiempo que se
le venció el contrato con la *Warner*: las piernas de
Jane ya no están todo lo tersas que uno quisiera
para hacerlas figurar en el reparto.

(Ah, Jane, paraíso perdido, divino tesoro,
ya te vas (para no volver),
cuando quiero llorar
pienso en ti, mi dulce Jane.
Cuánto hubiera dado por tenerte en mis brazos,
por confesarte mi amor: Yo querer mucho a Jane.
Silencio insensato que guardé por culpa de mi
testaruda timidez.
Por culpa de los barritos de mi precoz adolescencia.

Ah, Jane, ya no adoro tus senos besados por las lianas.
Tus senos asediados al centímetro por flechas y lanzas.
Ya no adoro tu rostro
que el tiempo implacable ha ido modelando a su capricho.
Tu rostro que acaricié con ternura (a escondidas del
público) en todas las carteleras.

Que no me digan nunca que te quitaste el maquillaje.
Que no me enseñen nunca tus cabellos de
desfalleciente plata.
Para mí tú serás siempre la linda muchacha que yo
amé matalascallando,
que yo ayudé a inventar con mis ensueños en los
destartalados cines de mi barrio, mi inolvidable Jane).

En su cuarto Tarzán da vueltas como un condenado
y en su rayado papel de loco repara en el espejo del
lavabo y quisiera lanzarse.

Tarzán varias veces campeón olímpico de natación.
Amor, juventud y dinero, la veleidosa gloria:
todo desde el trampolín se le fue al agua.
Todo se lo devoraron con voracidad las fieras.

Entre paredes pálidas que su insomnio decora de enredaderas
por sentirse libre (al final de la película) se aferra a sus sueños:
se sueña sobre el lomo de sus elefantes y sonríe.
Se sueña venciendo a sus repujados cocodrilos de cartón.
Ve acercarse a sus leones de felpa (pura melena) y
Tarzán siente miedo
y tiembla y grita como un desventurado niño de pecho:
Aaauaúaaa...! Aaauaúaaa...!

Pobre Tarzán indefenso y desnudo,
descolgado del ecran por inservible,
loco, completamente solo entre los locos,
aullando perdido en su paraíso perdido,
sin Jane, sin chita, sin fuerzas, sin grito,
solo con su soledad y sus taparrabos.

A Mario Benedetti

(En: *Puerto de la memoria*, Noceda 2001)

Arturo Corcuera (Perú, 1935). Ha publicado 20 libros, entre ellos, *Primavera triunfante, Noé delirante, Las sirenas y las estaciones, Poesía de clase, Puente de los suspiros, La gran jugada, Puerto de la memoria* (reúne *Prosa de juglar, Vidalas para mi sombra, Voces y vientos, La dama de Ampato* y *Puerto de la memoria*), *Sonetos del viejo amador, El bazar de los letreros, Para juegos* y *A bordo del arca*. Premios: Nacional de Poesía, Atlántida en España, Casa de las Américas en Cuba, Trieste en Italia y de la Crítica en Chile.

Marco Martos
(Perú)

EN LAS ARENAS DE HOMERO

BUSQUEMOS con Homero
la poesía más escondida,
y si acaso la encontremos
no cesemos de buscar
porque cambia con el tiempo
y es la misma en lo secreto.
Ésta es la sabiduría:
la palabra se semeja al hombre,
es el hombre en el tiempo.
La palabra es Proteo y cambia
con el día y la noche.
No acaba con la muerte,
la sucede y queda en el aire,
como quedó Homero.

SALAMINA

POBRE HARAPO, vencido en Salamina,
regresa Jerjes, ojos tan hundidos,
deja atrás barcos, deseos perdidos,
el mar amado que se difumina.
Nos parece diferente al que trina
en vísperas de combates queridos,
burlándose de tristes afligidos,
del arrastrado que apenas camina.
Nada nos queda de nuestros trirremes;
tablas miserables, son los despojos
de gente que perdió piernas y ojos,

la vida y el alma y aquello que más temes.
Un túmulo de honor en nuestra historia:
al mar azota Jerjes, es tu memoria.

EL REY DARÍO

Vencido en la batalla el rey Darío,
frágil, rasga al aire, desesperado.
Miren, soldados, en lo que ha quedado
el que gritaba su desafío:
hosco camina por los pasillos
del palacio del reino de los persas,
escucha sólo opiniones adversas,
nadie lo saluda, todos son cuchillos.
Bastaba una palabra suya, seca,
para cambiar destinos de la gente,
Persia es un sueño, Darío, accidente,
voluntad del destino que lo trueca.
El tiempo, eterno rey, es el que prescinde
de Darío, zozobra que se rinde.

NAUSÍCAA

Tú vienes de las arenas de Homero
y trajiste a nuestras vidas
la maravilla.
Te soñé entre el agua verde y cana
y las rocas de la playa,
cuando la aurora de rosáceos dedos
empieza a iluminar la vida de los hombres,
y así permaneces en los ojos
como la llama de la esperanza
que no cede al sufrimiento

y que crece y se multiplica
en el amor de los otros.
Verte me alegra tanto
que me quedo mudo
y te bendigo y hay agua y sal
en mi cara y arena de Homero
que se mezcla en mis papeles.

MEDITA ANAXÍMEDES

Nacemos del aire, de la niebla, de la bruma.
¡Quién sabe de dónde venimos!
El aire aparece y desaparece
como aparecen y desaparecen los humanos.

MUSAS DE HESÍODO

Las Musas sabemos decir muchas mentiras
con apariencias de verdades
y sabemos, cuando queremos, proclamar la verdad
y lanzarla a los cuatro vientos.

(Poemas incluidos en *Las arenas de Homero*, 2010)

Marco Martos. Premio Nacional de Poesía del Perú. Ha publicado entre otros los siguientes libros: *El mar de las tinieblas* (1999), *Montura de amor* (2001), *Sílabas de la música* (2002), *Jaque perpetuo* (2003), *Dondoneo* (2004), *Aunque es de noche* (2006), *Dante y Virgilio iban oscuros en la profunda noche* (2008), *Adiós San Miguel de Piura secretario de mis penas* (2009), *En las arenas de Homero* (2010). Sus poemas han sido traducidos al húngaro, italiano, portugués, inglés, francés, alemán, chino y griego.

Hildebrando Pérez Grande
(Perú)

CEMENTERIO DE AUTOMÓVILES

Todo en él era viejo, salvo sus ojos
Ernest Hemingway

CORRÍAS cara al sol en las tardes claras de un loco
Verano, seduciendo a las muchachas
Con tu chasís reluciente y la potencia de tu HP.
Muchos miraban con envidia la forma como subías
Por las lomas más empinadas, fierro
A fondo. Y más aún cuando bajabas por laderas
Iluminadas por el carmín y la sonrisa de tu gitana en flor.
Eran los prodigiosos años sesenta. Los caminos
Inciertos los recorríascantando *only you*. Pero
No siempre merecemos nuestros sueños: ahora
Se te cae el pelo, el aceite, los deseos. Eres
Una chatarra inútil y estás bajo de rating. Tan sólo
Añoras un espejo retrovisor para mirar
Tardíamente las maravillas insospechadas del universo.

Sin chasís, sin jazmín, sin lubricante
Acaricias tu vieja placa:

PERÚ. LIMA.
27-04-41

CHANSON DE ROLAND

A Francoise y Roland, mis pares.

BAJO EL CIELO salvaje de Saint Martin d'Heres,
Reverberan los locos relámpagos de enero.
Como un ciego frente al espejo astillado de su vida,

Me acicalo para viajar a la pradera interminable.
Marcho sin ningún propósito de enmienda. Dejo
Un país donde las piedras hablan, los ríos
Danzan, las mujeres arden. Para otro será
Mi espada, mi vino, las palabras. Por el ecran
Gastado de mi corazón transcurren rostros fraternos,
Paisajes ariscos y el aroma inmortal de mi dama.
No puedo ya disimular mi agonía. Tal vez mañana
Un verso me redima. El silencio es mi lenguaje.

EL ALQUIMISTA ANDINO

A Víctor Delfín

MIENTRAS los dioses pastan sus recuerdos sobre la arena
Estriada de este litoral azul venido a menos, a lo lejos
El sol derrama su incandescente copa de vino
                    Pirwalla pirwa.
Un osario desolado más por furias que por penas arde en la
                                        [fragua
De un alquimista andino: y sueños y chatarras flamean
En el crisol de un mediodía con olor a pájaros metálicos
                    Pirwalla pirwa.
El toro que conoció los cuchillos del granizo baja bramando
Con toda su hombría al hombro como un río insurrecto
                    Pirwalla pirwa.
Un poco de sal que los vientos otoñales esparcen sobre su piel
Ensangrentada, nos advierte que el esplendor sobre la
                                    [hierba no existe
Pero sí las sábanas de amianto y caracolas, pirwalla pirwa.

Los hijos del herrero cantan con una voz de púrpura y palo
                                    [santo,
Mientras los apus celebran el prodigio de un sol
Nuevo, distinto, amable, *pirwalla*
                    pirwa.

EL BOXEADOR

NÁUFRAGO de ti mismo, perdido
Entre los frutos del mar
Y aquel alfabeto que no entiendes,
No sales de tu asombro
Ni de las olas
Que te arrastran más y más y aún más,
Casi al borde del delirio,
Bebiendo la última copa de vino
Es decir, el implacable beso feroz
Del tiempo:
Esa fugaz eternidad
Que empiezas a contar como un boxeador
Humillado,
Herido en la lona
Donde relampagueas como un carbón
Encendido, tratando
De no extinguirte, esperando
Con rabia mal disimulada el 7, 8, 9,
10, ¡fuera! ante el aplauso
Canalla de los escribas.

Hildebrando Pérez Grande (Lima, 1941). Premio de Poesía Casa de las Américas, 1978. Director de la Revista de Artes y Letras *Martín*. Autor de *Aguardiente forever*, cinco ediciones en La Habana, Lima, Grenoble. Profesor Principal de la Escuela de Literatura de la Universidad Nacional Mayor de San Marcos de Perú.

Madeline Millán
(Puerto Rico)

IGUAL QUE AGUAS
(Fragmento)

> *…corrientes aguas puras cristalinas*
> *para ella casa de agua*

EL MAR suena como desierto sin son ni sonido
en cada una de las caras de la luna
Ahora la madre pregunta a la mar de donde ha partido
se hace preguntas devolviéndose a su vientre:
"¿y qué lo mueve, hijo, la o o la a? ¿qué mueve el sol,
y las olas y mi lengua cuando ya no me queda
ni tu leche para darte tanto?"

Y el hijo sin madre nada responde porque un hijo
con una madre loca sólo ve un barco alejarse//

…Me lleno de agua no de aire huelo mal como pescado
muerto en el mar de los acantilados de mi cuerpo
en aletas de los peces en paz que me dejen ese niño exige
por la raya horizontal el agua dulce-leche de su boca lame:

"Mamá —dice su otro hijito— ¿por qué el mar se va y viene?
¿por qué no me sigue?" Este sol frente a arrecifes
y faro de frente al viento que ha carcomido tu boca,
ah tu boca, ah barco hundido, ah ah despiértame
ahh en la arena arrástrame ahh mares
de sombras mi cara de lunáticos soles solitos

¿y ese papel en ácido flotando, otras aguas para hundirme?
¿o encontrar mi imagen después de mil palabras sin ancla?

—Abuelo —pregunta una niña—, ¿estuviste en el arca?
—No —le responde el abuelo.
—¿Y cómo no te ahogaste de una vez para siempre?

Todas las preguntas del principio inocentemente perversas
son nada en la mar igual que aguas malas igual que hay aguas
igual que aguas buenas igual que hay, ay, me llevan toditas
me llevan toditas las aguas igual que el fuego cuando quiso
[ser aire,

igual, igual

INVITACIÓN AL MAR

Cuéntame, ¿qué te dijo aquel hombre?
Habla, ¿te dijo que eras fea y mala?
¿te dijo que no servías para nada?
¿te dijo que merecías el futuro que habrías de encontrar?
¿te dijo que era tu padre o tu amante?

¿Qué te dijo? Haz memoria
¿Te dijo que no le contaras a nadie?
¿Te dijo que te pusieras la ropa, sangrando,
aprisa, de prisa, corriendo?
¿Te dijo más, te dijo que tu madre era igual que tú?
¿O peor todavía, que serías igualita a tu madre?
¿Quién te dijo esas cosas muchachita?

¿Por qué tiemblas cada vez que te pregunto?
¿Has olvidado la lámpara que se apagó?
¿Por eso no apagas la luz?
¿Y la mariposa en tu pecho, en el pezón azul?
¿Adónde vuela, muerta la has escondido en tu almohada?
¿Es por eso el polvo de tus manos?
¿Adónde llevas el dedo anular y el dedo índice adónde se fue?

¿Estabas sola? ¿Dónde estaba tu mamá?
Porque supongo que tuviste madre, ¿no?
¿Dónde estaba ella cuando tú estabas aquí?
¿dónde la vieron o la viste cuando estabas allá?

¿Qué hacías en tu cama con frío? ¿Nadie lavó tu sábana?
¿No tenías cama tampoco? ¿Nadie te arropó?
¿Nadie enjabonó tu cuerpo, ni te secó palmo a palmo de besos?

¿Que hiciste todo sola y que solamente una veces te bañabas?
¿no había río cerca de tu casa?
¿Y tu mamá y tu papá no te decían nada?
¿Dónde estaban tus padres? Porque suponemos que tuviste
                                              [padres
¿Por qué no lloras de una vez? ¿No tienes respuestas?

¿Eres muda? ¿Cuál es tu alfabeto? ¿Quién hablará por ti?
Debiste haberlo dicho antes
¿Le contaste el secreto al caracol,
y lo que oyes son las olas venir?
¿Y no te habló esa noche el viento?

Ya sé, niña, ve al agua y llénate los ojos
¿Está muy salada la mar?

Madeline Millán. Escritora puertorriqueña en Nueva York. Publica cuatro libros de poesía. *Leche/Milk* (Premio Nacional de Poesía de Puerto Rico, 2009); *365 esquinas* (cuento y poesía, 2009). Otras publicaciones recientes: *Blanco Móvil #25*; *Poetas del mundo latino* (México) y revista *La otra*. Es profesora en FIT/SUNY. Ha sido editora de una antología de poesía y de una revista de cine.

Etnairis Rivera
(Puerto Rico)

BLUES. No mirarte es el blues, no beber la savia de la más antigua religión, la vida. Bravo al blues que aviva la llama, bravo a tu terrestre figura que me atrae y me eleva, al viento que te impulsa. Para el viento mi mantra, para mí, tus labios que me guían, tu boca que recorre la geografía de mi cuerpo. No besarte es el blues, el mar del sur en la distancia es el blues, el viaje sin tu beso.

El beso. El curso de este afán es el de un beso que ha dado tantas vueltas, aquí el amor ahora, allá el desamor más adelante, afán gustoso que en la piel estalla y ordena el rumbo cada día, afán de ave que emigra y busca el viento que le acomode. Un beso desata lluvias, levanta aromas antiguos en el ombligo donde los poetas recuentan la vida. Un beso amanece pegado al cuerpo durante meses, hasta que parte el hilo y se despeña. Un beso renace de su ceniza y funda flor en otro templo.

La noche mojada. Podrías diluirte en la noche mojada como que no existen ya los cuentos de ayer y el mundo no es interminable. Podrías permitir que te abracen, aunque sepas que el idilio dura poco. Eres tu propio testigo, caminas embriagada del aroma exquisito del presente y del que ahora te ama y te escribe versos, y te sube a la pirámide, y sobre ti derrama su río por tantas horas. Quién te daría el nombre del amor, la melodía exacta que no has encontrado en el trapecio. Eres tu propia libertad, cabalgas arriba de ese amor irresistible.

La pasión por el poema se parece a tu cuerpo apetecible sobre mí. Es lo único que importa sin rival mientras dura el rito, más alto que la cima sagrada para adorarlo, más dura que el árbol de todos los hechizos donde nada muere, más fogoso que el sol cuando se hunde en la mar y se deja comer por su profundidad atardecida.

Tu cuerpo se tiende sobre el mío para que ninguna otra razón exista. Tu cuerpo consume y rinde sobre mi cuerpo las manos de artista, la senda de los pájaros. La noche llega, navego danzando, riéndome de placer, abierta al tiempo detenido bajo el carnaval de tu cuerpo.

El pájaro quang. Él es el dulce silencio sin preguntas, los ojos rasgados y mis atavíos, el maravilloso pájaro quang que renace de su polvo, el dragón que danza en mi boca y me concede el don de levantar su alegría, de anular su tristeza. Él planta la semilla pasión para que mi flor encante.

La flor en tu oficina. Pon una flor en tu oficina que embriague tus ocho horas diarias entre papeles y endosos. Quita las torres de encargos, el teléfono, y sobre el escritorio acuesta el recuerdo de mí, desnuda, olorosa a bosques del trópico. Tu jefe y demás agentes del orden no me ven, ni siquiera sospechan que allí tendida abro las piernas como alas para que conspires contra el aburrimiento.

La hermosura es desnudarnos aún más, comer contigo y comernos sin apuros, vino caliente con canela. Esta mesa es la fruición de una lluvia que tu boca pone en la mía, la mejor milonga, el diario corazón, el poema conjunto que me monta hasta en los sueños, la hermosura.

Saudade. Este poema no es para él, no es para ninguno de los desmemoriados amores de un rato que me acompañaron. Se lo debo a la vida, a los pájaros que cruzan al ras de mi cabeza, a la diosa que protege mis caminos y mis células del atrevimiento y la tristeza para que no se desordenen ante el desamor. Lo escribo a la orilla del mar que me fecunda, me

abraza, intenta ahogarme, me inunda, me olvida, me perdo-
na, me sana, por el que entra saudade. Se parece a él, pero no
lo es. Tiene nombre divino por estas latitudes. Se lo debo a la
costa donde medito lo que fue y al volcán donde fue. Este
poema es para el momento en que el amor viene.

Etnairis Rivera, Puerto Rico. Diez publicaciones: *Los pájaros de la
diosa, Return to the sea, Memorias de un poema y su manzana, Intervenidos,
El viaje de los besos…* Poemas suyos han sido traducidos al inglés,
francés, portugués, sueco, árabe. Gran Premio de las Letras 2008,
P.E.N. Club de Puerto Rico, es Catedrática de Literatura en la Universidad de Puerto Rico.

José Acosta
(República Dominicana)

EL RELÁMPAGO

EL RELÁMPAGO nace y no tiene tiempo
de recordarse a sí mismo.
Rasga el rostro del cielo, y no llega a comprender
que es la única herida de la nada.
¡Quién pudiera escalar
su esquelética forma de raíz
para mirar por sus rendijas
el escondite de Dios!

I

EL UNIVERSO resuena como llovizna
sobre el agua,
imperceptible como el susurro de un árbol al crecer.
Estamos encerrados en una dimensión oscura;
la noche es la sombra de una pared lejana;
Dios vive del otro lado.
No te has preguntado ¿a quién le ladran
los perros?
¿Qué ven que tú no puedes descubrir con tu linterna?
Es al sonido de la eternidad,
al espacio que tú sólo conoces en sueños
y crees irreal.
Es a él mismo a quien el perro le ladra,
al ladrido que rebota al colisionar con la noche
y regresa irreconocible.
Es a ti a quien le ladran los perros,
a tu presencia que por tus pensamientos se desborda
llenando la Tierra de murmullos.

Y DE REPENTE

(AÚN HAY un árbol en mi niñez
que siempre quise trepar)
Y de repente encontrar en mi memoria
el misterio de una puerta
que una vez no quise abrir.
Trasponerla y descubrir del otro lado
el otro destino que nunca tomé.
Verme, entonces, bajo la lluvia
de una ciudad desconocida
ignorando el amor de este perro
que silencioso sigue tras de mí.
Y sentir en mi inconsciente que esta calle
me conoce, y que, tras otra puerta que ahora
me detiene frente a sí, pueden estar
los objetos amados de otra casa mía
o el espanto de hallar de nuevo
la realidad del lugar donde siempre
he permanecido.

A MI MADRE

(In memoriam)

AQUÍ HUBO una mujer, lo huelo, lo adivino
comprendiendo este vacío donde el aire
teme integrarse a su nada y ser mujer
adquirir vientre y figura para que
yo le ame y le atormente como un hijo.
Nada quiere ocupar este hueco
este borde azul que ha dejado una mujer.
Nada se escancia, se derrama adentro
se arriesga a ser su forma, su pecho
su alegría. Sólo yo avanzo triste

por el secreto misterio de su mano
y subo a su memoria
donde ella está intacta aún
                              como un perfume
y la busco donde ella partió
a ser eterna.

ANTES DE LA LUZ

ME ATORMENTA sobremanera esta casa tan oscura
y más, el que no esté en mi destino encenderle
una lámpara.
He intentado arrojarle luciérnagas a sus
espejos, guiar el alba hasta sus ventanas,
atarla a otro horizonte fuera de la noche.

Pero todo es trunco, vano...
Rotos mis dedos buscan a tientas
algún rincón favorable para el fuego
alguna puerta posible para el día
o esa luz
de la que está hecha la tiniebla.

Temo que esta casa ya no exista
cuando se ilumine en el mundo
la existencia.

José Acosta (Santiago de los Caballeros, República Dominicana 1964) Poeta, narrador y comunicador social. Premios recibidos: Internacional de Poesía "Nicolás Guillén" México (2003), Internacional de Poesía Odón Betanzos Palacios de Nueva York (1997), Nacional de Poesía Salomé Ureña (1994), Nacional de Cuento (2005), Nacional de Cuento Universidad Central del Este (2000), Nacional de Novela (2005). Tiene más de 10 libros publicados.

Rei Berroa
(República Dominicana)

TRES VARIACIONES SOBRE EL TEMA
DE LA PAZ Y LA PALOMA

Es TANTA la paz de una paloma
que dicen los expertos en la paz
que sólo bastaría una paloma
para traer sobre la tierra toda la paz
que buscan los humanos sin saberlo.

Son tantas las palomas de la paz
que dicen los expertos en palomas
que sólo una paz sería necesaria
para atraer a todas las palomas
que buscan al humano sin remedio.

Si la paz se vistiera de paloma
dicen los expertos en humanos
con una sola paz nos bastaría
para darle sus alas a la tierra
haciendo del humano una paloma.

No es mucho pedirle
a la paz o a la paloma.

CON RESPECTO A CIERTA
ACTIVIDAD DE LAS PALOMAS

Desde Lincoln a Lenín,
de Bolívar a Zapata,
las estatuas de los héroes

masculinos de la tierra,
los matriotas,
profanadas están ya para siempre
con el gris inodoro que les adorna las cabezas.

Responsables de este ataque al templo varonil de nuestra patria
son las pacíficas palomas
que vindican —quieren hacernos creer que sin saberlo
el lugar que ocupan en el alma de la gente,
las inútiles estatuas levantadas por el hambre del político
al ilustre varón que le sirve de carnada.
Así le llenan a los pueblos la mollera
de babosas esperanzas y promesas incongruentes.

¿No será eso lo que piensan las palomas
al venir y posarse sobre el cráneo de la estatua
y allí llevan a cabo cierta actividad que nos destruye
la idea que teníamos
tan sagrada
de los héroes de la patria?

¿LA BOLSA O LA VIDA?

CADA POEMA de amor
Es un poema de lucha
Cada poema de lucha
Es un poema de amor.

En los dos,
Queramos o no,
Nos jugamos
La vida.

EL JUICIO DE SÓCRATES PASADO POR LA TELE

Hacía muchos años que llevábamos incrustadas sus preguntas bajo las costillas.
Medio muerto traíamos el sueño de justicia, cuando en mitad de la pantalla
apareció el viejo Sócrates ya cicutado su silencio y su verdad a solas
después de explicar en silogismos convincentes que jamás
había pronunciado algunos de los juicios que el joven
Aristocles (Cabezotas o Platón, eran sus motes)
había escrito en sus memorias, publicadas
día a día, en diversas páginas de la guía
de la tele que todos leían y miraban
en una gran pantalla tipo plasma
puesta en el ágora de Atenas
por los que odiaban
la mayéutica.

Fue así como
llegamos a saber,
sin casi darnos cuenta,
que el loco a quien todos
envidiábamos, pues podía decir
lo que quisiera sin haber jamás escrito
nada y no tener, por tanto, nadie pruebas
contundentes que pudieran llevarlo al tribunal,
tenía leales seguidores en todas las escuelas del Estado,
menos en su casa, donde Jantipa lo había puesto en su lugar
más de una vez, pues no quería higienizar los fondillos de sus hijos
sin antes preguntarles si era posible conocer la virtud sin antes practicarla.
Dicen que también testificó contra el marido porque éste ya no le servía para nada.

Rei Berroa. Entre otros muchos libros, es autor de *Libro de los dones
y los bienes* (2010), *Otridades* (2010), *De adinamia de mente de umnesia*
(2010), *Libro de los fragmentos y otros poemas* (2007), *Aproximaciones a la
literatura dominicana I y II* (2007 y 2008), *Ideología y retórica: Las prosas
de guerra de Miguel Hernández* (1988), *Literature of the Americas* (1988).

José Mármol
(República Dominicana)

ABDICACIÓN

Dios es como el fuego, cuya pasión redime,
Como el viento poderoso, cuyo ardor desnace todo.
Dios, temor y fuerza de seguirle o acosarlo,
Como el tiempo, como el sueño y como el baño santo de las
[termas paganas.
Es como un fuego Dios, su amor devora y crea.
¿Dónde a Dios buscar sin vano desafío?
Sea en el prodigio de tu cuerpo y tu voz,
En el quejido lento de animales y brisas,
En la distancia unida por las hierbas y las piedras,
En los repliegues suaves del mar, que es piel del cielo
O en la muda palabra de una oración estéril.
Dios, perpetuo buscarse,
¿Forma transparente de lo que nunca es?
Es como el agua Dios, cuyo beso nos pudre,
Cuchillo destapando el centro de los sueños
Y si más hondo el filo, más fecundo, más brillante el animal
[que acude.
Dios es el tormento de creer o descreer,
Dimensión de lo enorme y lo nimio simultáneos,
Sentido de lo ágil, lo inasible,
Equilibrio inmutable del designio y el azar,
Contenido sin esencia a no ser la de mi voz.
Dios ya no enferma. Dios, cuyo destino le aterra y desconcierta.
Dios soñó entonces con cuerpo de vestir, viandas sobre la mesa,
Con cuentos de niñez (porque ha de ser terrible haber
[nacido inmenso).
Dios es como un canto, cuya vocal se ahonda,
Y va ganando plenas distancias eco adentro.

Dios, el que ama todo sin conocer ternuras,
Sin haber sido limpia superficie de un beso.
El iracundo, el sobrio, el que ha llorado ráfagas de
                                    [insensatez y tedio.
Es como el fuego Dios, cuya pasión consume,
Como lluvia torrencial, cuyo crimen fecunda.
Dios es como el aire, sin ser visto abraza todo,
Dios es como yo y en mi palabra quema la luz que lo refugia.

LA MAQUINILLA MÁGICA DE TROCADERO

ESTRECHA la calleja, del grosor de lo imposible
y en las paredes altas de la casa como jaula
el calor y la humedad se peleaban el dominio.

Su centro de la imago era un breve rincón.
Mas, allí temblaba pleno de luz el universo.

Un paisaje de Lam, un fósil aborigen, un recuerdo lejano,
una foto habanera, en mangas de camisa, y un puro por fanal.
Unas frases a Desnoes, a Cortazar, a Gastón.

La casa de Lezama, que no voy a nombrar.
¿Un barroco *Paradiso* caribeño, tal vez?
¿Un febril analectas de reloj y mar azul?
¿Un caracol nocturno en un rectángulo de agua?

Temeroso, el artefacto mostraba su alfabeto.
Me contemplaba triste por tanto vegetar.
Mis dedos, sigilosos, tocaron cada tecla
disecadas florecillas de duelo y esplendor.
Una isla de sueños, una mitología insospechada entre mis manos.
Una estación de un tiempo que fue nunca tal vez.

LLEGA A CANTAR LO QUE ERES

VOY TRAS el poema extraño a toda forma de religión o fe.
Voy por trepidantes jardines de herejías
En resuello procaz de un cuerpo echado al viento.
Sobre las aguas voy; piso a Dios y en pasto
humedecido se transforma.
Voy hacia la estrella del Uno y sus orquestas,
Empecé por el barro y la luz he de alcanzar.
Voy tras un poema que olvidó su pasado
Y se levanta ebrio de ilusión y aventuras.
He sembrado mitos y más dudas sobre El Mito,
Mas, mi verbo limpia el reverso de la luz
Y de la sombra el fláccido tacto y el reposo.
Voy por el poema nacido un devenir,
Flor de un alba quieta en la hondura del mar.
Voy tras las canciones de la inocencia impura,
La que corona el día con pechos entre labios y furia de amor,
La que hace arder los ídolos, ejércitos, leyendas.
La canción tan temida por numerosos hombres
Y pájaros vencidos emigraron a su entono.
Voy por mis palabras al encuentro de tu canto,
El poema celebrante, el poema de un idioma liberado para sí.
Voy tras el poema que otro mundo ha de inventar.

José Mármol (Santo Domingo, República Dominicana, 1960). Poeta
y ensayista. Miembro de la Generación de los Ochenta. Ha obtenido varios premios: Nacional de Poesía 1987, de Poesía de la Universidad Nacional Pedro Henríquez Ureña; de Poesía de Casa de Teatro, Accésit del Internacional de Poesía Eliseo Diego, México, Nacional de Poesía 2007. Autor de más de 20 títulos.

Rafael Courtoisie
(Uruguay)

MATAR AL CUCHILLO

MATAR al cuchillo con el día blando
con la flexible manera de las cosas
Tarea la madera con sus fibras
el metal raspa el agua
                    la materia lo surca
lo surca.
Todo se opone:
el cortable pan
la flor dispersa del humo.

El jugo de la vida
goteando y goteando
le mata el filo.

PERSISTENCIA DEL DÉBIL

NACÍ en Esparta hace casi tres mil años. Viví exactamente treinta minutos desde que salí del vientre de mi madre, que también se avergonzó por haber engendrado un hijo tan débil.

El cirujano que me examinó y la partera coincidieron en el mismo juicio: yo no era digno de ser un ciudadano de Esparta. Mi complexión menuda, mis huesos quebradizos, las arrugas de mi piel que al nacer parecían las de un viejo, con arborescencias de pequeñas venas rotas en el dorso de las manos minúsculas, y una transparencia no humana de piel de pescado, de delgada membrana de renacuajo, contribuían al grotesco espectáculo. Nací débil.

Hasta mi madre se avergonzó de mí cuando me vio: "Yo fui hecha para parir hombres, no ranas".

Viví poco más de media hora. Treinta minutos escasos, que transcurrieron entre las gruesas y ásperas palmas de las manos de quienes me examinaron con desprecio porque no era apto para pertenecer a su casta de guerreros.

Pasé esos minutos, mi ración escueta de vida sobre la Tierra, en medio de llantos y voces destempladas. El médico designado por los ancianos para decidir sobre las aptitudes de los que nacían, me tuvo apenas segundos entre sus gruesos dedos que me parecieron leñosos, cubiertos de callos de corteza y extremadamente duros, sin una gota de savia. En vano busqué el seno de mi madre, que me rechazó desde el primer hasta el último momento.

Mis hermanos, mis compañeros de generación, nacieron fuertes y musculosos, con huesos duros y flexibles que resistirían las caídas y los golpes con la parte plana de la espada. Ellos, y sólo ellos, nacieron dignos de llevar el escudo con el dibujo de la abeja.

Sus musculosos torsos, sus piernas gruesas y ágiles hace ya muchos siglos se pudrieron bajo el peso del olvido. Sus brazos poderosos, sus terribles glándulas, desaparecieron. Yo morí enseguida, a la media hora de nacer. No llegué a conocer la luz del día, puesto que nací de madrugada y antes de que el sol despuntara fui lanzado al barranco de los niños débiles, al abismo de los inútiles y los faltos de temple, a la ciudad fantasma de los miserables inocentes de Esparta, que no merecieron oportunidad sobre la Tierra.

Yo hubiera querido escribir un largo poema. Un poema duro como las rocas que golpearon contra mi cara de recién nacido, en Esparta. Un poema con filos de silicio y uñas de piedra que se metiera en las carnes, que quebrara el destino como se quebraba la caliza cenicienta de mis huesos endebles como esponjas, el temporal inestable de mi cuerpo.

Yo no tuve cimientos, ni fui construido para durar. Antes del amanecer del primer día de mi vida yacía en el fondo de un barranco y era el almuerzo insípido de las arañas, una ración más con bracitos y piernas en el comedero de los cuervos.

Ni mi padre, cuyo escudo guerrero hace ya mucho tiempo que ha desaparecido bajo el océano de los días, vio mi cara delgada que salía del vientre de mi madre y se hundía en la vida sólo por un momento. Mi padre musculoso, flexible como un junco, glorioso de una gloria caduca, puesto que ya hace siglos nadie recuerda su nombre, no se dignó a verme.

Yo no fui. No tuve nombre. Tengo los nombres de los lanzados en aquel barranco de Esparta. Mi único nombre es el del rescoldo, no el del incendio. No queda nada de mí más que lo poco que pude ser: minutos bajo la sombra de la noche. Por eso he venido. Por eso tengo este espacio breve de papel en el que volver en la mano de otro que me escribe.

Yo he durado. Mis hermanos, los fuertes, se pudrieron hace mucho y el artificio de su tórax prevenido, de su guardia feroz no alienta nada. Han sido.

Yo soy. Muerto en Esparta hace casi tres mil años, con un soplo de vida. Vuelvo en este papel y en este idioma extraño porque yo, el débil, no conocí idioma alguno. Nonato para el sonido articulado y para el amor de las mujeres. Sólo conocí la madurez del grito ronco en la reprobación, el temprano gruñido del aborrecimiento en la mueca de las bocas, no el beso. La mano me escribe y soy ahora.

Hay un río incesante hecho de los cadáveres de los poderosos, el río de los fuertes que caen a cada momento, las caliginosas aguas de los que quieren vencer.

Yo estoy en las tierras altas, lejos de esas orillas. Y permanezco.

Rafael Courtoisie (Uruguay, 1958).Premio Fundación Loewe (España, Editorial Visor, jurado presidido por Octavio Paz), Premio Plural (México, jurado presidido por Juan Gelman), Premio Nacional, Premio Internacional Jaime Sabines (México), Premio Blas de Otero (España), entre otros. Traducido al inglés, francés, italiano, portugués, rumano, uzbeco, bosnio y turco, entre otros idiomas.

Saúl Ibargoyen
(Uruguay)

OTROS VIENTOS

¿Es éste el anciano mar
que siempre nos esperaba
al inaugurar los cuadernos
los mapas los libros
con que armábamos nuestra barca
sin remos y sin velas?
Sobre la playa
de pesadas arenas circulares
un solo cadáver
de cangrejo en abandono:
sus cáscaras se expanden
ya en una dura humedad
que el sol y los vientos traspasan.
Detrás de las gruesas espumas
que el zapato momentáneo no toca
un sombrío alzamiento
de tierras fluctuantes o férreos nubarrones
crece como una fuerza de agrietada luz.
El súbito frío del Este dispersa
cartones desnudos páginas balbuceantes
lápices coloridos como rumbos difuminándose
hacia un país del nunca jamás.
La ventana de la casa de comidas
nos aparta de la agresión del viento.
Sobre la playa algo como un niño
recoge papeles plumas colores.
No vemos sus ojos
que de seguro escarban
las aguas del anciano mar.

Ulsan, Mar del Este, septiembre 2005

GORRIÓN BUSCADO

En estos jardines se busca un gorrión
para meter entre sus plumas cotidianas
la cifra de un nombre.
Las lentitudes del tiempo transforman
ya a ese nombre
en polvorosas fibrillas
de sol o de luz.
A través del ventanal
por mera transparencia
las seis letras se abren traducidas
a un idioma distinto
del que tan golpeadamente así nacieron.
Una sustancia parecida al aire
se descuelga hasta clausurar
un desorden de grietas y veredas
y huecos y portones profundos.
Las baldosas crujen como banderas
de colores castigados:
el negro es una lengua
de gato fermentando
el ocre es un resto
de flores expulsadas
el marrón es un derrame
de seres o personas borrachas oxidándose
el blanco es un infamante papel ya utilizado
el gris es un súbito gesto
de lluvias compulsivas.
Las hierbas son como palmas
o laureles o acacias.
Las bugambilias se afirman
entre rojos fulgentes y morados
que el veneno los infantes los insectos
profanan mancillan deterioran.

En estos jardines se busca un gorrión
para ver qué pájaros hay en lo adentro
de su axila
qué plumeriza energía
lo apoya lo lanza lo sostiene
qué escamas se disuelven
en la caliente pelleja protegida
por su pelusa de último pájaro.
Se busca por aquí un gorrión destetado
libre de algodones de piojos aéreos
de volantes garrapatas
de rostros picoteando una agonía de lombrices
o un cónclave de migas y de granos rechazados.
Se busca un gorrión: pronto regresarán
desde el barro
los zapatos las sandalias los huaraches
las bolsas alimentarias los paquetes
las faldas entristecidas
los pantalones que saben de sudores perdidos.
¿Habrá entonces gritos casi humanos
muelas de perros silbando
simples cuerpos con su carga
de pelos y espermas
bocas desprendiéndose de termómetros estériles?
Se busca un gorrión por aquí
un pájaro cualquiera.

Saúl Ibargoyen (1930). Escritor uruguayo/mexicano. Ha publicado más de 50 títulos de poesía, novela, cuento, testimonio, ensayo y teatro infantil. Miembro correspondiente de la Academia Nacional de Letras de Uruguay. Editor de la *Revista de Literatura Mexicana Contemporánea*, publicado por Ediciones Eón en acuerdo con The University of Texas at El Paso y el ITESM. Obtuvo premios en Uruguay y México. Traducido a 13 idiomas.

María Auxiliadora Álvarez
(Venezuela)

SARAJEVO

PRESO DEL MIEDO de lo que vendrá (como vino antes) ¿cómo
podrá recobrar el mutilado la serenidad?

¿cómo podrá reconciliarse con la idea que tuvo *una vez* sobre
la progresión de la Noche?

—creyendo que la Mañana diría la verdad frente a todos los
malentendidos de las sombras—

EL HUESO DE LA APUESTA

EL REGRESO de la excavación trae los cartílagos rotos El hueso
[de la apuesta es una tela corta
/colgando en tiras

mas en la distancia se siguen contando los granos secos de
[la harina que no alcanza

—el enfermo no atendido en el paisaje desierto— La sed que
[no aplaca pero ofrenda
/Su sequedad

PIEDRAS DE REPOSO

TODO lo que quiero decirte hijo Es que atravieses el sufrimiento

Si llegas a su orilla si su orilla te llega Entra en su noche
/y déjate hundir

que su sorbo te beba que su espuma te agobie Déjate ir *déjate ir*

Todo lo que quiero decirte hijo Es que del otro lado del
                                 [sufrimiento
                                 /Hay otra orilla

encontrarás allí grandes lajas *Una* de ellas lleva tu forma tallada
con tu antigua huella labrada Donde cabrás exacto y con anchura

no son tumbas hijo son piedras de reposo Con sus pequeños soles
                                 /grabados y sus rendijas

ADORNO

UNA NIÑA adorna con su cabeza
la pequeña flor muerta

8

LA ROSA
tiene
vértigo
de la quietud:
el lento
trabajo
de morir

22

MI ESPOSO que vive enterrado
tanto le da la vida como la muerte

yo y los niños vamos a veces
corremos en su superficie
EEEE le gritamos

                    con las bocas pegadas a la tierra
SAAAL queremos verte
ven a ver este sol   estas personas   estos animales
estamos alegres

Lo oscuro de él no saluda
o se pone triste con la mano
o hace señas para que nos vayamos

Sal solos de ti

4

Usted nunca ha parido

no conoce
          el filo de los machetes
no ha sentido
          las culebras de río
nunca ha bailado
          en un charco de sangre querida
doctor
NO META LA MANO TAN ADENTRO
que ahí tengo los machetes
que tengo una niña dormida
y usted nunca ha pasado
          una noche en la culebra
usted no conoce el río

María Auxiliadora Álvarez (Caracas, 1956). Libros publicados: *Mis pies en el origen* (Suriname, 1978); *Cuerpo* (Caracas, Fundarte, 1985 y 1993); *Ca(z)a* (Caracas, Fundarte, 1990 y 1993); *Inmóvil* (Caracas, Pequeña Venecia, 1996); *Pompeya* (México, BUAP/ LunaArena, 2003); *El eterno aprendiz/ Resplandor* (Caracas, Bid & Co, 2006). Antologías: *Lugar de pasaje* (Caracas, Monte Ávila, 2009), *Las nadas y las noches*, (Barcelona, Candaya, 2009).

Índice

Poesía latinoamericana hoy. 20 países, 50 poetas
se terminó de imprimir en enero de dos mil
once en los talleres de Tipográfica, S.A. de
C.V., Imagen 26, Lomas de San Ángel Inn.
Está compuesto en tipos Adobe Garamond
y Raleigh BT de 11 y 12 puntos. El papel de
los forros es Cartulina sulfatada SBS y el
de los interiores es bond de 75 g.
La edición consta de 1 000 ejemplares